DOMINGO J. MONTERO

PALAVRAS ESCANDALOSAS DE JESUS

EDITORA
AVE-MARIA

© 2011 by Editorial CCS (Madri)
ISBN: 978-84-9842-716-5

© 2015 by Editora Ave-Maria. All rights reserved.
Rua Martim Francisco, 636 – 01226-000 – São Paulo, SP – Brasil
Tel.: (11) 3823-1060 • Fax: (11) 3660-7959
Televendas: 0800 7730 456
editorial@avemaria.com.br • comercial@avemaria.com.br
www.avemaria.com.br

ISBN: 978-85-276-1542-6

Capa: Agência GBA

Título original: *Palabras "escandalosas" de Jesús*
Tradução: José J. Queiroz

1. ed. – 2015

Dados Internacionais de Catalogação na Publicação (CIP)
Angélica Ilacqua CRB-8/7057

Montero, Domingo J.
Palavras "escandalosas" de Jesus / Domingo J. Montero; tradução de José J. Queiroz. – São Paulo: Ave-Maria, 2015.
152 p.

ISBN: 978-85-276-1542-6
Título original: *Palabras "escadalosas" de Jesús*

1.Jesus Cristo – Palavras 2. Bíblia N.T. - Evangelhos - Critica, interpretação, etc. I. Título II. Queiroz, José J.

14-0806   CDD 232.954

Índice para catálogo sistemático:
1. Jesus Cristo – Palavras   232.954

Diretor Geral: Marcos Antônio Mendes, CMF
Diretor Editorial: Luís Erlin Gomes Gordo, CMF
Gerente Editorial: Valdeci Toledo
Editora Assistente: Carol Rodrigues
Preparação e Revisão: Enymilia Guimarães e Maurício Leal
Diagramação: Carlos Eduardo P. de Sousa

Impresso na China por Nanjing Amity Printing Co.
Pastoral Bible Foundation
(FT576701)

A Editora Ave-Maria faz parte do Grupo de Editores Claretianos
(Claret Publishing Group).
CLARET Bangalore • Barcelona • Buenos Aires • Chennai •
PUBLISHING GROUP Macau • Madri • Manila • São Paulo

Sumário

Introdução 7
Esclarecimento terminológico 7
O escândalo de Jesus 8
Palavras "escandalosas" de Jesus 9

Capítulo 1: O Evangelho segundo São Mateus
"Muitos são os chamados, e poucos os escolhidos"
   (Mt 22,14) 13
"Os publicanos e as meretrizes vos precedem no Reino
   de Deus "(Mt 21,31) 19
"Não julgueis que vim trazer a paz à terra. Vim trazer não a paz,
   mas a espada" (Mt 10,34) 23
"Deixa que os mortos enterrem seus mortos" (Mt 8,22) 27
"Onde haverá choro e ranger de dentes" (Mt 8,12) 31
"Se alguém te ferir a face direita, oferece-lhe também a outra
   (Mt 5, 39) 35
"Se não vos tornardes como criancinhas" (Mt 18,3) 41
"Bem-aventurados os pobres, os que choram" (Mt 5, 1ss) 47
"Não te digo até sete vezes" (Mt 18,22) 53

"Porque há eunucos que o são desde o ventre de suas mães
e há eunucos que a si mesmos se fizeram eunucos
por amor do Reino dos céus" (Mt 19,12) 57

Capítulo 2: O Evangelho segundo São Marcos

"A respeito, porém, daquele dia ou daquela hora, ninguém
o sabe, nem os anjos do céu nem mesmo o Filho,
mas somente o Pai" (Mc 13,32) 65

"Não vim chamar os justos, mas os pecadores" (Mc 2,17) 71

"Meu Deus, meu Deus, por que me abandonastes" (Mc 15,34) 75

"Ele prosseguiu: 'Atendei ao que ouvis: com a medida com
que medirdes, vos medirão a vós, e ainda se vos
acrescentará" (Mc 4,24) 79

"É mais fácil passar o camelo pelo fundo de uma agulha do
que entrar o rico no Reino de Deus" (Mc 10,25) 83

"Se tua mão for para ti ocasião de queda, corta-a (Mc 9,43-48) 87

"Quem é minha mãe?" (Mc 3,33) 91

"Quem crer e for batizado será salvo, mas quem não crer
será condenado" (Mc 16,16) 95

"Dai a César o que é de César, e a Deus o que é de Deus"
(Mc 12,17) 99

Abba! Ó PAI! Tudo te é possível; afasta de mim este cálice!"
(Mc 14,36) 103

"Melhor lhe seria que nunca tivesse nascido" (Mc 14,21) 107

Capítulo 3: O Evangelho segundo São Lucas

"Se alguém vem a mim e não odeia seu pai, sua mãe, seus filhos
e até a sua própria vida, não pode ser meu discípulo"
(Lc 14,26) 113

"Eu vos digo: Fazei-vos amigos com a riqueza injusta, para que,
no dia em que ela vos faltar, eles vos recebam nos
tabernáculos eternos" (Lc 16,9) 117

"O que é elevado aos olhos dos homens é abominável aos
olhos de Deus" (Lc 16,15) 121
"Quando deres uma ceia, convida os pobres. Serás feliz porque
eles não têm com que te retribuir" (Lc 14,13-14) 125
"Procurai entrar pela porta estreita..." (Lc 13,24) 129

Capítulo 4: O Evangelho segundo São João
"Quem come a minha carne e bebe o meu sangue tem
a vida eterna" (Jo 6,54) 137
"Mulher, isso compete a nós?" (Jo 2,4) 141
"Mas o meu Reino não é deste mundo" (Jo 18,36-37) 147

Introdução

Os Evangelhos trazem algumas palavras (*logia*) de Jesus que não deixaram de suscitar certa perplexidade, desgosto e inquietação nos ouvintes da época, mas continuam impactando e surpreendendo os leitores de hoje.

Meu propósito é aproximar o leitor dessas palavras e facilitar sua compreensão, resgatando-as de uma literalidade rígida, inserindo-as no dinamismo, ou seja, no dinamismo da linguagem de Jesus, descobrindo o respectivo contexto em que foram redigidas e, se possível, o original, demonstrando como a mensagem de Jesus, embora algumas vezes chocante e paradoxal, é extremamente coerente: é a Boa-Nova; é o Evangelho.

Esclarecimento terminológico

Proveniente do grego *skándalon*, a palavra "escândalo" tem um significado original de empecilho, obstáculo colocado no caminho, que faz tropeçar. Assim, o Novo Testamento (NT) menciona a "pedra de escândalo" (1Pd 2,7). Posteriormente, o termo assumiu ressonâncias moralizantes, passando a designar comportamentos irresponsáveis que podem induzir outras pessoas a se afastar de Jesus (Mt 18,6ss); esse vocábulo pode, ainda, designar o escândalo farisaico, a atitude daqueles que se escandalizam por sua imaturidade, sua incapacidade e sua obstinação ao interpretar a realidade.

O escândalo de Jesus

O NT põe em relevo o aspecto escandalizador de Jesus, de sua pessoa e de sua mensagem. O velho Simeão, já em seu vaticínio a Maria, apresenta Jesus *destinado a ser causa de queda (skándalon) para muitos* (Lc 2,34), como sinal de contradição. Posteriormente, em seu ministério público, se "escandalizarão" dele seus conterrâneos (Mt 13,57), os fariseus (Mt 15,12) e até os discípulos (Mt 26,31) e os incrédulos em geral (1Pd 2,7-8).

O "escândalo de Jesus", porém, não é somente o resultado de um enfrentamento, de uma luta entre duas concepções opostas dentro do judaísmo contemporâneo em relação a algumas questões como o messianismo, a lei, o templo, tampouco se reduz a isso. Reside em sua pessoa e em sua mensagem; no Deus que anuncia e no Deus que se encarna; no Evangelho que Ele é e proclama. Trata-se do "escândalo Jesus".

E esse "escândalo de Jesus" persiste na pregação de seu Evangelho; é inevitável em uma humanidade que só sabe gloriar-se de si mesma e de seus êxitos. O motivo do "escândalo, em última instância, é a cruz, escândalo para os judeus e loucura para os gregos" (1Cor 1,23), que torna vãs toda a autossuficiência e a sabedoria humanas. Esse "escândalo" acompanhará sempre o Evangelho. O "não ser deste mundo" (Jo 8,23; 15,19; 12,14.16) necessariamente tem de produzir impacto permanente e conflitivo "neste mundo" (Jo 16,33).

Diante da indagação de João Batista, inquirindo pela identidade messiânica de Jesus (Mt 11,2-3), este pronunciou uma bem-aventurança significativa: "Bem-aventurado aquele para quem eu não for ocasião de queda!" (Mt 11,6). Entretanto, isso só seria possível com uma atitude de conversão e acolhida à surpresa, à novidade do projeto que ele nos traz e que por meio dele se realiza. Escandalizar-se de Jesus é muito natural: eis que Ele rompeu e rompe muitos esquemas, inclusive religiosos, e dessa forma o escândalo inicial seria positivo. Superar esse escândalo é o passo seguinte dado pelo cristão, reconhecendo em Jesus e em seu Evangelho a sabedoria, o poder, o amor, a Salvação de Deus (cf. 1Cor 12,4-24), quer dizer, reconhecer que por meio dele o Reino de Deus chegou até nós (cf. Mt 12,28).

Palavras "escandalosas" de Jesus

Jesus chocou com sua linguagem. Ele não adormecia o auditório. Ao contrário, causava impacto (Mc 1,27-28; Lc 11,27) e inquietava os responsáveis pela ortodoxia religiosa e pelo poder (Mc 3,6).

Com insistência adverte: "Quem tem ouvidos para ouvir ouça" (Mc 4,9.23). Este é um indício de que as palavras de Jesus exigem uma acolhida interior e reflexiva (Mc 4,3ss). São palavras carregadas de sentido, que exigem muita atenção; palavras ditas com autoridade (Mc 6,1-3).

Diante de tantas palavras vazias, artificiais, incapazes de devolver a paz e a felicidade verdadeiras, palavras teóricas e retóricas, quase nunca acompanhadas de amor e sofrimento pelo outro, palavras desprovidas de compromisso humano – "Atam fardos pesados e esmagadores e com eles sobrecarregam os ombros dos homens, mas não querem movê-los sequer com o dedo" (Mt 23,4) –, a de Jesus era uma palavra encarnada e solidária, nova e renovadora; palavra de redenção e esperança, benfazeja e compassiva, eficaz e poderosa; palavra divina, contemplativa, fluindo de Deus e proclamada não nas instituições oficiais de Israel, mas na intempérie dos caminhos. É uma palavra destinada não a apoiar ou legitimar argumentações teológicas ou litúrgicas, mas destinada a desfazer os ídolos de qualquer teologia ou liturgia. Trata-se de uma palavra *com autoridade*, porém não autoritária, que formulava sua inequívoca radicalidade por meio do convite: "se queres [...]" (Mt 19,21), "se alguém quiser [...]" (Mt 16,24).

Entre essas palavras vou escolher algumas que chamo de "escandalosas", porque se chocam fortemente com nossa "normalidade" e porque alguns podem nelas tropeçar. Não pretendo, pois, ser exaustivo, nem enumerá-las, tampouco analisá-las.

Muitos leitores, diante dessas expressões (*logia*), perguntam-se: como é possível que Jesus tenha dito isso? E, se disse, com que intenção, em que tom, em que contexto as pronunciou? Seus destinatários eram seus ouvintes contemporâneos da Palestina? Então por que os evangelistas as conservaram: para serem mais fiéis à pregação histórica de Jesus ou porque as consideraram válidas para todos?

Sem dúvida, os evangelistas estavam interessadíssimos na fiel transmissão da mensagem de Jesus (Lc 1,3), porém não como "crônica", mas sob a perspectiva da fé no Ressuscitado. Tinham um propósito histórico, não historicista; seu testemunho não consiste somente em um relato sobre Jesus de Nazaré, mas em uma profissão e uma expressão de sua fé em Jesus Cristo.

Por que conservam esses ditos? Porque, em sua forma chocante, paradoxal e radical, nos falam do contraste, da alternativa, à primeira vista e ao primeiro ouvir, escandalizadores, que supõem a presença de Jesus e o que Ele oferecia: o Reino de Deus. Entretanto, se as observarmos atentamente, perceberemos que essas palavras (*logia*) não são formas diferentes ou variações das bem-aventuranças, mas, fundamentalmente, coincidem com elas.

1

O Evangelho Segundo São Mateus

"Muitos são os chamados, e poucos os escolhidos" (Mt 22,14)

Essa frase está no Evangelho de São Mateus, no final da assim chamada parábola do banquete nupcial (Mt 22,1-14). Lida isoladamente, ela sugere uma visão elitista e classificatória da Salvação e, ao mesmo tempo, parece provocar uma sensação de medo diante do escasso número dos que poderiam se salvar. No entanto, essa conclusão colidiria frontalmente com a pregação e a práxis de Jesus, que veio "buscar e salvar quem estava perdido" (Lc 19,10), derrubando muros e fronteiras (Ef 2,14), e nessa busca entregou a vida, deixando aos seus a tarefa de ir por todo o mundo oferecendo seu Evangelho a todos os homens (Mt 28,19-20).

Um primeiro esclarecimento

À primeira vista, partindo de uma leitura do texto (Mt 22,1-14), a impressão que se tem é a de que essa frase (v. 14) não se encaixa na narração, pois a afirmação de que somente uma pequena porção se salva não é exposta nem em Mt 22,1-10 (pois a sala do banquete ficou repleta de convidados), nem em Mt 22,11-13 (só um convidado que não trazia a veste nupcial é expulso).

Estaríamos diante daquilo que os especialistas no tema denominam "ampliações generalizadoras" do tom original das parábolas; tais ampliações são, em geral, mas nem sempre, secundárias (Lc 14,11). Com isso não se pretende impugnar a autenticidade dessas frases (*logia*), mas somente indicar que não foram pronunciadas como conclusão da parábola; foram inseridas ali pelo redator obedecendo aos seus pontos de vista teológico-pastorais peculiares.

Esclarecido esse aspecto, surge a pergunta pelo sentido da expressão "muitos são os chamados, e poucos os escolhidos" em seu hipotético momento, ou no contexto existencial da pregação de Jesus e sem seu contexto literário atual no relato evangélico.

O momento original

Desconhecemos o momento preciso em que Jesus pronunciou essa frase, porém conhecemos a situação que pretendeu esclarecer com ela: demonstrar a autossuficiência dos dirigentes do povo judeu (cf. Jo 8, 33.39), fazendo uma chamada à responsabilidade diante da oferta da Salvação de Deus (cf. Mt 21,31-32) e advertindo-os de que, de fato, com essa autossuficiência eles mesmos se excluíam do banquete do Reino.

Os profetas já tinham tentado chamar a atenção sobre esses aspectos: a oferta salvadora de Deus dirigida a Israel, gratuita, junto com a chamada para respeitar a Aliança. A Salvação não é um privilégio irresponsável para criar falsas seguranças (Jr 7,10), mas um dom a ser acolhido com gratuidade e responsabilidade; caso contrário, a eleição converte-se em motivo de juízo (Am 3,2).

A pregação e a práxis de Jesus também seguiram estas coordenadas: anunciar um Deus voltado misericordiosamente para o homem, para todo homem, sem restrições; pregar e encarnar a graça do Pai, sua vontade salvadora, instaurando o Reino e convidando todos a entrar nele e, ao mesmo tempo, fazer uma convocação enérgica à conversão, isenta de ambiguidades.

Muitos são os chamados é uma referência clara a essa vontade salvadora de Deus. Seria mais exato dizer: "Todos são chamados, porque Deus quer que todos os homens se salvem e cheguem ao conhecimento da verdade" (1Tm 2,4).

E poucos os escolhidos. A frase aludiria à responsabilidade histórica dos chamados; dessa forma, o sujeito protagonista da eleição-exclusão não seria Deus, que não marginaliza, mas aqueles que se autoexcluem, como ocorre na parábola (v. 8). Em outro momento, a respeito dos dez leprosos curados, Jesus perguntará: "Não ficaram curados todos os dez? Onde estão os outros nove?" (Lc 17,17).

No entanto, o dito que nos ocupa não deve ser entendido literalmente, mas no sentido de uma sentença sapiencial-enigmática, construída com elementos antitéticos: muitos/poucos, chamados/escolhidos. Essas considerações não estão orientadas para despojar a expressão de seu realismo, mas para libertá-la da literalidade. Com ela, Jesus quer dizer: a oferta salvadora de Jesus tem suas exigências; é algo gratuito, porém não automático; é um dom divino que requer acolhida pelo homem. Todo o povo de Israel foi chamado; no entanto, nem todos foram escolhidos (da mesma forma que nem todo o povo de Israel respondeu ou escolheu o chamado). E isso aconteceu com Ele próprio e com sua mensagem, pois foi rejeitado por aqueles que foram inicialmente chamados: os judeus. Dessa forma, se encaixaria com a primeira parte da parábola (vv. 1-10) o que aparece refletido nos versículos 5 a 8.

No contexto atual

Os comentaristas modernos coincidem em assinalar que Mt 22,1-14 consta de três momentos: versículos 1-10 (parábola dos convidados ao banquete); versículos 11-23 (parábola das vestes nupciais) e o versículo 14 (conclusão).

Um especialista conhecido, J. Jeremias, escreve a respeito:

> Há muito tempo a conclusão de Mt 22,11-13 é um quebra--cabeça para a exegese, já que parece enigmático que os convidados nas encruzilhadas (vv. 9-10) deveriam portar trajes nupciais. A explicação de que se costumava presentear os convidados com uma veste nupcial (cf. 2Rs 10,12) é rejeitada, porque no tempo de Jesus tal costume não é citado em outras ocasiões. Entretanto, a ausência desse versículo em Lc 14,16-24 e no Evangelho de Tomé mostra que os versículos 11-13 representam uma ampliação, proveniente de uma parábola independente em sua origem. Por que Mateus (ou sua tradição) acrescenta essa segunda parábola? Porque se deve evitar um erro que poderia surgir de um convite indiscriminado dos convidados (vv. 8ss), como fingir que a conduta dos homens que são chamados não seria levada em consideração. Para não dar margem a esse erro, foi acrescentada a parábola das vestes nupciais (vv. 11-13) à parábola do grande banquete (vv. 1-10).

Nessa linha estaria a conclusão que aparece no versículo 14. Primeiramente, essa advertência foi dirigida por Jesus, em um contexto polêmico, aos seus críticos e inimigos que se julgavam chamados-escolhidos pelo mero fato de pertencerem ao povo judeu, por serem da raça de Abraão e tê-lo por Pai (cf. Jo 8, 33.39), e os adverte que a pertença à estirpe de Abraão se conquista com obras. Em seguida, o evangelista Mateus, temendo que os cristãos se servissem de uma alegação similar de falsa confiança diante da vontade salvadora de Deus, considerando-se chamados e escolhidos pelo fato de pertencerem à Igreja (vv. 9-10), os adverte da necessidade de assumir responsavelmente as exigências da graça batismal (vv. 11-12). Não agir assim significa eliminar-se, excluir-se (v. 13), porque o homem deve responder à oferta de Deus (v. 14).

A frase "Muitos são os chamados, e poucos os escolhidos" não pode ser argumento para defender posturas sectárias nem elitistas. O Evangelho de Jesus é para todos, e Ele deu sua vida por todos. Mas será que todos acolherão esse Evangelho?

Que fique bem claro que "esses ditos, se observados atentamente, são apenas algumas formas diferentes, variantes, de proclamar as Bem-Aventuranças". Nesse caso, vale lembrar aquela que diz: "bem-aventurados aqueles que ouvem a palavra de Deus e a observam!" (Lc 11,28).

"Os publicanos e as meretrizes vos precedem no Reino de Deus" (Mt 21,31)

Tomada isoladamente, a frase poderia soar como incitação à libertinagem; corretamente entendida, é uma fonte de compromisso e um chamado à esperança.

Quem eram os publicanos?

Os direitos de transporte e o imposto sobre os produtos e mercadorias importados ficaram conhecidos em Israel a partir da época persa (cf. Es 4,13-20; 7,24), mas só foram cobrados sistematicamente na época romana. No início, cada província romana constituía uma zona aduaneira em benefício do Estado romano; assim também o poder judaico. Havia cidades e reis, dependentes de Roma, que podiam cobrar um direito de circulação em benefício próprio (era o caso de Herodes Antipas, na Galileia).

Esses direitos de circulação não eram cobrados diretamente por funcionários romanos (assim, evitava-se suscitar animosidade contra Roma); eram arrendados a particulares que tinham encarregados para desempenhar essa função. Esses funcionários subalternos eram conhecidos pelo nome de "publicanos". Um exemplo dessa situação reflete-se em Lc 19,1ss (onde Zaqueu aparece como chefe dos publicanos) e em Lc 5,27 (onde Levi é identificado como um desses publicanos, servidor público).

Assim, para ser rentável, por um lado a cobrança dos direitos devia ultrapassar o preço do arrendamento e, por outro lado, as tarifas aduaneiras eram fixadas pela autoridade romana. Eram, porém, aplicadas de maneira arbitrária, e os publicanos eram odiados e menosprezados pela população, pela dupla condição de "colaboradores" com o poder estrangeiro opressor e de "ladrões". Por isso, no NT, "publicano" é sinônimo de "pecador" (Mt 9,10). Um provérbio popular dizia: "Melhor ser suíno (animal impuro) que publicano".

E as meretrizes?

A existência dessa situação degradada e degradante da mulher é testemunhada nos relatos evangélicos. Do conhecimento de todos é o relato de Lc 7,36-50, em que se costuma identificar essa pecadora pública como prostituta. A situação dessas mulheres, na visão moral e legal do judaísmo, era totalmente reprovável e marginal. A sensibilidade de Jesus era bem diferente (cf. Jo 8,3ss).

Esses dois protótipos, oficialmente irregulares, são escolhidos por Jesus para formular uma denúncia e proclamar uma esperança.

O contexto do *logion*

Os sumos sacerdotes achegaram-se a Jesus para interrogá-lo por causa do seu modo de proceder na expulsão dos mercadores do Templo (Mt 21,12-13). Por que agir assim? Com que autoridade?

Jesus, porém, passa ao contra-ataque, abordando-os com outra pergunta sobre a origem do Batismo administrado por João (Mt 21,24-27). Diante das palavras evasivas das autoridades, Jesus lhes propõe uma parábola:

> Que vos parece? Um homem tinha dois filhos. Dirigindo-se ao primeiro disse-lhe: "Meu filho, vai trabalhar hoje na vinha". Respondeu ele: "Não quero". Mas, em seguida, tocado de arrependimento, foi. Dirigindo-se depois ao outro, disse-lhe a mesma coisa. O filho respondeu: "Sim, pai!" Mas não foi. Qual dos dois fez a vontade do pai? – "O primeiro", responderam-lhe. E Jesus disse-lhes: "Em verdade vos digo, os publicanos e as meretrizes vos precedem no Reino de Deus! João veio a vós no caminho da justiça e não crestes nele. Os publicanos, porém, e as prostitutas creram nele. E vós, vendo isto, nem fostes tocados de arrependimento para crerdes nele" (Mt 21,28-32).

O contexto do *logion*

Tudo está claro! Jesus não está fazendo apologia nem da extorsão nem da prostituição; nem se trata de uma atitude romântica diante do pecado. Jesus denuncia a dureza e a cegueira das autoridades religiosas que se recusam a reconhecer os sinais que Deus lhes envia (João e ele mesmo) e, ao mesmo tempo, convoca-os a reconhecer como, nessas zonas de marginalização, teoricamente perdidas, podem haver sinais de Salvação, porque Deus nunca discrimina.

O que Jesus desautoriza é a autossuficiência daqueles que consideram que a urgência da conversão é para os outros; a hipocrisia dos que tipificaram uma série de comportamentos como imorais acreditando que se abstendo deles já estão livres do pecado!

O que Jesus proclama é que o amor de Deus não se detém na porta das convenções humanas; para Ele, não há espaços fechados nem impermeáveis; portanto, também no coração de uma prostituta ou de um cobrador de impostos a voz de Deus pode soar e ser acolhida.

Os publicanos e as prostitutas, diante de sua *miséria*, se abrirão à *misericórdia* de Deus (cf. Lc 19,1ss; 18,10ss; 7,36-50); os fariseus e saduceus, ao contrário, autossatisfeitos com sua riqueza religiosa e sua suficiência moral, incapacitaram-se para reconhecer em Jesus a vinda salvadora de Deus, a instauração de seu Reino.

"Não julgueis que vim trazer a paz à terra. Vim trazer não a paz, mas a espada" (Mt 10,34)

Uma contradição?

O anúncio dos anjos, vinculado ao nascimento de Jesus, "paz na terra" (Lc 2,14), foi um equívoco ou um engano?

Essa afirmação de Jesus porventura não contrasta com a de "bem-aventurados os pacíficos [...]" (Mt 5,9)? E com "é ele a nossa paz" (Ef 2,14)? E: "veio para anunciar a paz a vós que estáveis longe, e a paz também àqueles que estavam perto" (Ef 2,17)? Não nos deixou a paz como saudação e ação missionária (Lc 10,5)? Não foi esta a marca de sua apresentação nas aparições pascais (Lc 24,36)? Não afastou ele mesmo o recurso à espada (Mt 26,52)?... E então: pacifista ou guerrilheiro?

Paz (*Shalom*), a grande bênção de Deus

O vocabulário judaico utiliza o termo *Shalom* para designar uma realidade que engloba todos os aspectos e esferas da vida: individual, política e social. Não alude somente à ausência de guerra (tal é o significado original do termo grego *eirene* = paz), tampouco unicamente à segurança do acordo que garante a paz no sentido latino: mas associa a esses aspectos outros, como a harmonia do grupo humano e de cada indivíduo com Deus, com o mundo material, com os outros e consigo mesmo; a permanência na abundância e na certeza da saúde, da riqueza, da tranquilidade, da honra humana, da bênção divina e, em resumo, da "vida".

Essa paz aparece como uma das características dos tempos messiânicos; o Messias ostentará como título privilegiado o de "Príncipe da Paz, cujo império será grande e a paz sem fim" (Is 9,5-6). Essa paz distingue-se das outras, as falsas (Jr 6,14; 13, 10).

Que paz Jesus nos traz?

O conceito de paz não está isento de ambiguidades e ambivalências. Jesus, nossa paz (Ef 2,14), apresenta-se sublinhando esse fato e desfazendo o equívoco: "Deixo-vos a paz, dou-vos a minha paz. Não vo-la dou como o mundo a dá" (Jo 14,27).

Jesus não traz a paz que significa:

- falsas seguranças religiosas, pois "Deus tem poder para destas pedras suscitar filhos a Abraão" (cf. Lc 3,8; Mc 13,1-2);
- legalismo religioso, que anula a Palavra de Deus por disposições humanas (Mc 7,6-13; Mt 5,20-48);
- pacto com a tibieza (Ap 3,16; Mc 10,17-22) e com a duplicidade (Mt 6,24).

A paz de Jesus, a paz que é Jesus, está sendo usada como alternativa para muitas camuflagens e tergiversações da paz existentes hoje. Não significa fuga para paraísos utópicos, nem mera ausência de tensões, tampouco se identifica com o bem-estar, com o pacto de não agressão ou com a chamada "não violência". A paz de Jesus, homem inquieto e inquietador, é "plenitude" de justiça, de liberdade, de verdade, de corresponsabilidade, de amor... E tem de ser buscada no interior de cada um, segundo a própria consciência regulada pela vontade de Deus.

Que espada Jesus empunha?

A presente afirmação está na mesma linha da outra em que Jesus, qual pirômano divino, afirma ter vindo "para lançar fogo à terra" (Lc 12,49).

Em seu ministério pastoral, Jesus apareceu como um decidido lutador contra o poder do mal (Mc 1,23-26; Mt 12,25-28), deixando um programa, as bem-aventuranças, nas quais se declara um combate contra tudo que deteriora o projeto de Deus em favor do homem: a guerra contra a pobreza (*bem-aventurados os pobres*); contra a fome do mundo (*bem-aventurados os que têm fome e sede justiça*); contra as causas da dor (*bem-aventurados os que choram*); contra as estruturas da violência (*bem-aventurados os pacíficos*)... Contra tudo isso, Jesus empunha a espada do amor, do perdão, da misericórdia, da solidariedade.

O sentido imediato da frase

O *logion* de Mt 10,34 encontra-se no chamado "discurso da missão" e está orientado a iluminar a situação que será criada para os discípulos pela decisão de se incorporarem à família cristã: surgirão rupturas traumáticas e dramáticas até no âmbito da própria família humana (pais, filhos...) e religiosa (judaísmo). Esse sentido aparece mais claramente no Evangelho de Lucas, onde se troca a palavra "espada" por "separação" (Lc 12,51).

Seguir Jesus implica assumir desafios importantes, não sendo possível realizá-lo com atitudes indefinidas e ambíguas.

A frase que nos ocupa é mais uma forma de concretizar a oferta que Jesus fez a todo aquele que quiser ser seu discípulo: tomar a Cruz (Mc 8,34 e paralelos) aqui significando assumir o conflito que, no seio da própria família, poderia surgir ao abraçar a nova fé, enfrentando a religião oficial judaica de outrora (cf. Jo 9,18-23); esse conflito, hoje, também pode manifestar-se quando se tenta deslocar Jesus do centro da vida, substituindo-o por outras referências.

Diretamente, Jesus não está fazendo um chamado ao conflito, mas à fidelidade, ainda que esta, muitas vezes, envolva conflito.

"Deixa que os mortos enterrem seus mortos" (Mt 8,22)

Essa expressão pertence à resposta dada por Jesus ao pedido de um discípulo para ter permissão de sepultar seu pai antes de segui-lo: "Segue-me e deixa que os mortos enterrem os seus mortos" (Mt 8,22).

Como Jesus impõe esse tipo de exigência, que parece atentar contra os mais elementares deveres e sentimentos de piedade familiar? Não faltaram tentativas para suavizar esse "escândalo", as quais davam explicações mais razoáveis.

Tratar-se-ia, dizem, de uma pessoa bem-disposta, cujo pai, sem dúvida, teria idade muito avançada ou estaria em um estado de saúde muito precário. Por isso, ela pede ao Mestre um tempo que possivelmente não deveria ser muito longo até que seu pai falecesse. Não seria, de modo algum, o caso de alguém cujo pai acabara de falecer e Jesus estaria negando a essa pessoa o direito de enterrar o pai e, assim, atrasando-a e impedindo-a de seguir Jesus.

Tal interpretação corresponde a uma visão equivocada e "moralista" do Evangelho, e muito distante, ademais, das atitudes de Jesus, que não foi um Mestre de moral ao estilo dos escribas, mas o Profeta do Reino.

A frase em seu contexto

Os Evangelhos de Mateus (8,22) e Lucas (9,60) transmitem essa palavra, porém matizando seu sentido. Em ambos, a frase aparece como uma exigência de Jesus: em Mateus, para o seguimento: "Segue-me e deixa que os mortos enterrem seus mortos"; em Lucas, para a missão: "Deixa que os mortos enterrem seus mortos; tu, porém, vai e anuncia o Reino de Deus". Em Mateus, o destinatário é *um discípulo*; em Lucas, *outro*, sem nenhuma qualificação, quer dizer, qualquer um que queira ser discípulo.

Historicamente, Jesus irrompeu na vida de seus contemporâneos com esta urgência: "Completou-se o tempo e o Reino de Deus está próximo" (Mc 1,15), e com esta outra: "fazei penitência e crede no Evangelho" (Mc 1,15b). Jesus não veio para "remendar" o sistema (Mc 2,21), nem para "transvasar" o vinho de uns odres para outros (Mc 2,22): traz outro vinho, novo.

Nesse contexto é que se deve situar a presente afirmação, sem olvidar, no entanto, que aqui se fala em duplo sentido, físico e espiritual, da palavra "mortos". Jesus não está contra o piedoso dever de dar sepultura aos mortos, mas que a este dever se anteponha a urgência do serviço à Vida.

Jesus não foi um coveiro

Essa afirmação não tem a intenção de desqualificar esse serviço, mas de chamar a atenção para a pessoa de Jesus como fonte de vida e saúde.

Em três momentos pontuais Jesus aparece nos Evangelhos dando vida aos mortos: ao filho da viúva de Naim (Lc 7,11-17), à filha de Jairo (Mc 5,21-43) e a Lázaro (Jo 11,1-44). No primeiro, para o cortejo fúnebre; no segundo, descobre pulsações imperceptíveis de vida naquela que todos davam como morta; quanto a Lázaro, o "desenterra" e o ressuscita.

No entanto, na resposta dada por Jesus aos emissários do Batista, um dos sinais que dão crédito à sua missão é que "os mortos ressuscitam" (Mt 11,5). Finalmente, como resultado de sua morte, "os sepulcros se abriram e os corpos de muitos justos ressuscitaram" (Mt 27,52).

Ele é a "ressurreição e a vida" (Jo 11,25), e seu chamado fundamental é um serviço à vida e um serviço de vida (pão vivo, água viva...). A morte não entra no horizonte de Jesus, é sua inimiga pessoal (1Cor 15,26), a qual venceu definitivamente (1Cor 15,55-57).

Um chamado à vida

Essa frase de Jesus tem uma dupla ressonância: em Mateus, é um chamado à Vida, a seguir Jesus como realidade primordial; em Lucas, é um chamado a servir á Vida, concretizado no anúncio do Reino, que é Reino de vida. Nos dois textos, é a Vida que Ele reclama para o discípulo e é a Vida que Ele proclama como Mestre. Perderíamos tempo se nos dedicássemos a outras preocupações.

A exigência de Jesus não perdeu a atualidade para a Igreja em geral e para os fiéis em particular. Da Igreja, em geral, Ele exige coragem e clarividência para libertar-se do serviço a tantas estruturas ou realidades "mortas", por mais veneráveis que tenham sido historicamente, e entregar-se ao anúncio da sempre Boa-Nova do Reino. Quantas energias utilizadas e perdidas, às vezes, em manter realidades carentes de vida e, por conseguinte, de força vital (ritos, tradições, devoções...)!

Para os fiéis, cada um em particular, a Palavra de Jesus é um convite a desmascarar as práticas sem vida e sem razão, que os levam a protelar a atitude de seguir Jesus e o anúncio de sua mensagem.

Essa admoestação de Jesus é um chamado urgente para priorizar a quem queremos servir e seguir. O próprio Jesus teve de tomar uma decisão em sua vida. À pergunta angustiada de Maria e José, depois da penosa busca de três dias, Jesus respondeu: "Não sabíeis que devo ocupar-me das coisas de meu Pai?" (Lc 2,49).

"Onde haverá choro e ranger de dentes" (Mt 8,12)

Em seis ocasiões no Evangelho de São Mateus e em uma em São Lucas aparecem essas palavras nos lábios de Jesus, as quais fazem referência à situação de desgraça que acompanhará os que conscientemente rechaçam o caminho da Vida. Quem são eles?

- os membros de Israel que recusam o Reino (Mt 8,12; Lc 13,28);
- os agentes de iniquidade (Mt 13,42);
- o convidado sem veste nupcial (Mt 22,13);
- o servo mau e irresponsável (Mt 24,49-51);
- o servo preguiçoso (Mt 25,30).

Com essas palavras Jesus quis dizer algo, mas o quê? Imediatamente se pensou que Ele estava se referindo à condenação eterna, ao inferno e à modalidade do castigo dos condenados. Vejamos.

A linguagem apocalíptica

A expressão em tela, pertencente à linguagem apocalíptica, é reflexo e manifestação de uma mentalidade tipicamente judaica, caracterizada por uma visão dualista da história, na qual as forças do mal e do bem mantinham uma luta sem trégua em que, no final, resultariam vencedoras as forças do bem contra as do mal, que não só seriam derrotadas, mas desapareceriam por completo.

As imagens que descrevem essa derrota final caracterizam-se por seu perfil aterrorizante: fogo, que baixa do céu, julgamento, batalhas campais, castigos com sofrimentos horríveis (Lc 21,10ss), que provocariam "pranto e ranger de dentes".

Um esclarecimento hermenêutico

Em suas catequeses semanais, o Papa João Paulo II, no verão de 1999, dedicou quatro delas a comentar os chamados "novíssimos do homem": morte, juízo, inferno e paraíso. E sobre isso ressaltava: "O Novo Testamento apresenta o lugar destinado aos fautores da iniquidade como um fogo ardente, '[...] onde haverá choro e ranger de dentes' (Mt 13,42) ou como *geena*, '[...] fogo inextinguível' (Mc 9,43)". E acrescentava:

> As imagens com as quais a Sagrada Escritura nos apresenta o inferno devem ser interpretadas corretamente, e é preciso guardar sempre certa sobriedade na hora de descrever os "novíssimos"[...], já que a representação dos mesmos é invariavelmente inadequada [...] O pensamento do inferno e muito mais a utilização inadequada das imagens bíblicas não devem criar psicoses e angústias.

Trata-se de uma observação interessante, pelo fato de vir de quem vinha e por ajudar a superar interpretações literalistas, fundamentalistas, que afastam a compreensão correta do significado contido nessas expressões e imagens.

Um chamado de Salvação

Jesus nunca pretendeu assustar; mais do que isso, Ele veio para ajudar a vencer os medos congênitos do homem – "Não temais [...]" (Mt 10,28-31); "Como sois medrosos!" (Mc 4,40) –, convidando-o a viver no "temor de Deus", que não tem nada a ver com medo de Deus, mas com o reconhecimento e a acolhida responsável de seu amor.

As palavras de Jesus sempre pretendiam abrir o coração do homem à verdade e ao amor por meio da liberdade que não existe sem responsabilidade. Portanto, quem rechaça a "Boa-Nova" de Jesus converte essa recusa em "má notícia", em palavra de julgamento (Cf. Jo 12,48).

Deus é sempre e somente Salvador. "A *condenação* não deve ser atribuída à iniciativa de Deus, já que, em seu misericordioso amor, Ele só pode querer a Salvação de todos os seres que criou. É a criatura que se fecha ao seu amor. A *condenação* consiste precisamente no fato de o homem se afastar definitivamente de Deus... A sentença de Deus ratifica, porém não cria esse estado. A *condenação* continua sendo uma possibilidade real, porém não nos é dado conhecer, sem especial revelação divina, se os seres humanos, e quais entre eles, efetivamente, caíram nessa situação" (João Paulo II).

Uma advertência esclarecedora

Se é certo que Jesus não pretendeu assustar, também é verdade que sua mensagem implica assumir decisões sérias e que em nenhum momento permitiu sua banalização. "Procurai entrar pela porta estreita [...]" (Lc 13,24).

"Lá haverá choro e ranger de dentes" não é outra coisa senão uma advertência esclarecedora para não fechar os ouvidos ao chamado de Deus, já que Deus chama e ama gratuitamente, mas não em vão.

"Se alguém te ferir a face direita, oferece-lhe também a outra" (Mt 5,39)

Como seres humanos, aceitamos muitas vezes a violência como fato indiscutível. Parece tão natural responder à agressão e vingar-se, que todo mundo age assim, até mesmo os cristãos.

Ao ouvir essas palavras de Jesus, muitos pensarão: assim não chegamos a lugar nenhum! E no fundo têm razão, porque não se trata de interpretá-las literalmente. Nem mesmo Jesus o fez. "Se eu falei mal, prova-o, mas, se falei bem, por que me bates?" (Jo 18,23), replicou Ele diante da agressão de que foi vítima por parte de um funcionário no processo diante do sumo sacerdote Caifás. Não ofereceu a outra face, mas enfrentou a brutalidade daquele ato e desarmou a violência, mostrando-a injusta e sem razão.

O contexto da frase

Os Evangelhos de Mateus e Lucas transmitem essa frase, que aparece com evidência na solene pregação do "Sermão da

Montanha" (Mateus) e no sermão da "planície" (Lucas), muito próximos da proclamação das bem-aventuranças. Os dois relatos fazem parte da proposta de Jesus de uma nova justiça, alternativa à dos escribas e fariseus (Mt 5,20). Esse aspecto é ressaltado especialmente por Mateus com seus pronunciamentos: "Eu vos digo [...], ouvistes o que vos disse [...], porém, vos digo [...]" (5,21. 22.27-28.33-34.38-39.43-44). É um traço do perfil da nova realidade e da nova humanidade proposto por Jesus. É a concretização do convite para não retribuir as ofensas.

"Bem-aventurados os que buscam a paz"

Para compreender a virada radical introduzida por Jesus nesse tema, é necessário abrir a Bíblia em Gn 4,24. Dirigindo-se às suas mulheres Ada e Sela, exclama Lamec: "Se Caim será vingado sete vezes, Lamec o será setenta e sete vezes". Em seguida, cumpre ouvir a resposta de Jesus à pergunta de Pedro: "'Senhor, quantas vezes devo perdoar a meu irmão, quando ele pecar contra mim? Até sete vezes?'" Jesus respondeu: 'Não te digo até sete vezes, mas até setenta vezes sete'" (Mt 18,21-22).

O texto que comentamos está na mesma direção de outro texto. "Ouvistes o que foi dito: Olho por olho, dente por dente" (cf. Ex 21,24-25; Lev 24,19s). "Pois eu lhes digo: [...] ao que te ferir na face direita, apresenta-lhe a outra".

Jesus advoga pela superação, no primeiro caso, da "lei de Lamec" e, no segundo, da "lei de Talião", introduzindo um novo elemento, o perdão. E deixa bem claro que perdoar não é subordinar-se ao mal, identificando-se com um pacifismo acrítico, mas enfrentá-lo, porém com outras armas e outra estratégia. "Não te deixes vencer pelo mal, mas triunfa do mal com o bem", escrevia são Paulo aos cristãos de Roma (Rm 12,21).

Perdoar não é somente aceitar a desculpa do ofensor, mas protagonizar a reconciliação (Mt 5,23-24). É não viver preso à lembrança da ofensa, mas renovar o rosto das pessoas e das coisas, por meio da renovação do próprio coração (1Cor 13,5). Trata-se de desativar a violência, descobrindo-a e vencendo-a – primeiramente, em si mesmo, renunciando a "ser" e "sentir-se" inimigo de ninguém, porque esta é a grande derrota, ou melhor, a grande vitória contra a agressão: transformar profundamente o coração do ofendido.

O Evangelho não é cômodo, muito menos simples. Nessa proposta de "oferecer a outra face" apresenta-se uma estratégia revolucionária contra a violência e a injustiça: amar o agressor, revelando a insensatez e a inutilidade da agressão; desmontar sua violência, enfrentando-a com a força da verdade e não com a verdade da força. Essa atitude traria mais paz e não outra repressão violenta.

Gandhi, em *Eu sem violência*, escreve:

> Quando um homem pretende ser não violento, não deve irritar-se com quem o ultrajou. Não lhe desejará nenhum mal, não o amaldiçoará, não lhe causará nenhum sofrimento físico. Aceitará os ultrajes que venham de seu ofensor. A não violência assim compreendida se converterá em inocência absoluta. A não violência absoluta é uma ausência total de desejos perversos contra todos os seres vivos. Estende-se inclusive aos seres inferiores à espécie humana [...]. Em sua forma ativa, a não violência consiste em uma marcante benevolência para tudo que existe. É o puro amor. O homem não se torna divino quando encarna a inocência; o que acontece é que, então, se torna verdadeiramente homem. Quando li o Novo Testamento e o Sermão da Montanha, comecei a compreender o ensinamento de Cristo e a mensagem fez eco àquilo que havia aprendido em minha infância. Esse ensinamento era não se vingar nem retribuir o mal pelo mal.

Como cumprir hoje a proposta de Jesus

Como realizar hoje o chamado à não violência proposta por Jesus? Costuma-se propor três modos ou possibilidades "cristãs":

- Negar-se a tomar parte em atos e instituições de violência. Isso já foi feito nos primeiros séculos da Igreja e está renascendo de várias formas em nossos dias.

- Trabalhar para introduzir o espírito do "Sermão da Montanha" nas estruturas, instituições e decisões da sociedade para tentar diminuir a violência no mundo.

- Optar pela instauração do direito da sociedade com os meios coercitivos, inclusive violentos, de que dispõe o Estado de direito.

O que dizer disso? Não vou avaliar cada uma dessas possibilidades. Somente ressalto que, ainda que a realização de cada uma delas fosse excelente, justa e necessária, todavia ainda estaríamos longe do Evangelho; e a mais distanciada é, evidentemente, a terceira possibilidade.

Por mais indispensável que seja ajudar a instaurar a ordem da justiça na sociedade, por melhor que seja injetar o espírito do "Sermão da Montanha" nas estruturas do mundo mediante a diminuição da violência, por mais urgente que seja criar sinais radicais de não violência, enquanto esses esforços e sinais forem exclusivamente obra de indivíduos isolados terão eficácia limitada. O que interessa e importa é que todo um "povo" converta-se em *sinal de não violência*. É este o intuito do projeto de Jesus: uma sociedade em que se possa ver estatisticamente como é a ordem de Deus. Por conseguinte, a não violência deve ser vivida primeiro na Igreja; depois, por contágio, estimularia e inspiraria com credibilidade atitudes não violentas no mundo.

Isso seria excessivamente utópico? Excessivamente teórico? Não! Excessivamente difícil! Porque, para responder assim, é preciso que a pessoa tenha se convertido em sujeito pacífico, em pedra viva da casa da paz. Oramos frequentemente pela paz. Melhor seria pedir: "Faz de mim um instrumento da tua paz". Só assim se acabará com essa cadeia mortal de ataques e contra-ataques, réplicas e contrarréplicas. A maturidade de uma sociedade e de uma pessoa reside não em sua capacidade de repressão, mas em sua capacidade de convicção. Só o amor e o perdão convencem.

"Se não vos tornardes como criancinhas" (Mt 18,3)

Na sociedade e na cultura israelita e judaica, a figura da criança como sujeito de direito não estava tão desenvolvida como na nossa. Só com a maioridade adquiria personalidade, participando do mundo dos adultos. Com certeza, a criança era querida, cuidada e educada, tarefas assumidas de preferência pela mãe.

"Ser adulto" era o ideal; a criança estava desprovida de valores significativos e substantivos; não era uma referência existencial válida; apenas um "objeto" de esperança, e vivia em esperança. É justamente aqui que reside o escândalo de Jesus, apresentando-se como criança, manifestando sua preferência pelas crianças e apresentando-as como referências significativas do Reino de Deus, de seus valores e exigências.

Os "ditos" sobre as crianças

O pensamento de Jesus a respeito desse assunto é deduzido de dois grupos de textos que aparecem na tradição sinótica. O primeiro, em Mc 10,13-16 e paralelos (Mt 19,13-15; Lc 18, 15-17); o segundo, em Mc 9,33-37 e paralelos (Mt 18,1-5; Lc 9,46-48).

a) Mc 10,13-16 e paralelos

Movidos pela estima que o Mestre lhes dedica, provavelmente os pais apresentam algumas crianças a Jesus para que as abençoe. Os discípulos reagem, para proteger a tranquilidade e a dignidade do seu *rabbí*, que não pode perder tempo com algumas crianças, já que tem de dedicar seu tempo e sua energia aos adultos, aqueles que podem entender a explicação da lei e dos profetas. Segundo opinião amplamente divulgada naqueles tempos, a criança, que desconhecia a Torá, não tinha mérito nenhum nem na Torá nem diante de Deus.

A reação de Jesus é imediata: *indignou-se* (Mateus e Lucas suprimem esse dado) e disse: "Deixai vir a mim os pequeninos e não os impeçais; porque o Reino de Deus é daqueles que se lhes assemelham. Em verdade vos digo, todo o que não receber o Reino de Deus com a mentalidade de uma criança nele não entrará". Em seguida, "ele as abraçou e as abençoou".

Procedendo assim, Jesus rompe com a imagem comum do *rabbi*: Ele não se deixa levar por esses conceitos. Mostra sua estima e seu apreço público pelas crianças, as quais não só abençoa (elemento conservado também por Mateus), mas abraça (elemento silenciado por Mateus e Lucas). Uma vez mais, Marcos nos apresenta uma imagem mais próxima de Jesus do ponto de vista humano.

No entanto, nessa cena há algo mais. Jesus, depois do apreço pelas crianças, passa a ressaltar o que elas significam. "Dos que são como estas é o Reino de Deus."

Enquanto os discípulos acreditam que o acesso a Jesus só é possível mediante a condição pessoal do adulto, Ele inverte a questão, recordando aos adultos a necessidade de voltar a ser como crianças. Seria uma proposta regressiva? Uma postulação de infantilismo? Não! Na realidade, é uma proposta de conversão; um chamado a aceitar o Reino de Deus como graça, como dom, desbaratando toda a teologia farisaica do "mérito". É o chamado a "nascer de novo" (Jo 3,3), "da água e do espírito" (Jo 3, 5).

O Reino de Deus é para quem não tem reivindicações nem exige direitos nesse Reino, para quem a Ele se abre e nele confia, alegre e generosamente, para quem se deixa conduzir e construir pela vontade do Pai, para quem permanentemente vive com os olhos voltados para o *Abbá*... como as crianças.

b) Mc 9,33-37 e paralelos

A cena narrada é imensamente sugestiva. Jesus, diante da disputa entre os doze pelo primeiro lugar no grupo, decide pôr fim à discussão; e o faz graficamente. "Tomando um menino, colocou-o no meio deles; abraçou-o" (*detalhe ausente em Mateus e Lucas*) e disse-lhes: 'Todo o que recebe a um destes meninos em meu nome a mim é que recebe'".

A criança é símbolo de carência de poder, de força, de autoridade. O próprio Jesus identifica-se com essas "carências"; renunciando ao poder e à força, "aniquilou-se a si mesmo" (Fl 2,7) e se apequenou (Jo 13,13).

Esse gesto está pleno de ressonâncias. Por um lado, encerra um ensinamento eclesial, desfazendo ambições e reivindicações de privilégio: Deus constrói com o fraco (1Cor 1,27-29). Por outro, oferece uma lição cristológica: a opção salvadora de Deus, manifestada em seu Filho, passa pela abnegação e pelo serviço. Jesus identifica-se com o "não ser" e o "não ter". Para tornar isso visível, coloca no centro uma criança.

O "escândalo" de Jesus menino

Habituados à ternura que a imagem do Menino Jesus inspira, frequentemente não damos atenção e não percebemos um acontecimento transcendental: esse menino, "[...] que nasceu de uma mulher e nasceu submetido a uma lei" (Gl 4,4), na marginalidade oficial, política, religiosa e social, é o Filho de Deus, que, "sendo ele de condição divina [...] aniquilou-se a si mesmo, assumindo a condição de escravo" (Fl 2,6-7), experimentando, desde a mais tenra infância, a perseguição e o exílio.

Contemplado com atenção, o Mistério da Natividade torna-se humanamente inacreditável; na realidade, é uma antecipação do Mistério da Cruz, que São Paulo qualifica como "escândalo para os judeus e loucura para os pagãos" (1Cor 1,23).

Sim, a Natividade é um "escândalo": pelo que celebramos nela – algo impensável e impossível para os homens, mas não para Deus (cf. Mc 10,27; Lc 1,37) – e pelo modo como a celebramos, invertendo radicalmente seu sentido, deslocando-o para aspectos que a fazem praticamente irreconhecível.

A imagem de Jesus menino é a expressão mais eloquente de sua devoção às crianças; nessa imagem, por outro lado, alcança seu pleno significado o convite: "Se não vos tornardes como criancinhas [...]".

Não se trata de um chamado ao infantilismo, mas de assumir as atitudes de Cristo Jesus, que, no desígnio Salvador de Deus, viveu a condição de criança, submetido a seus pais (Lc 2,51): "E Jesus crescia em estatura, em sabedoria e graça, diante de Deus e dos homens" (Lc 2,52); mostrando que o Reino de Deus não só é para os humildes, como as crianças, mas que teve também inícios humildes, como os de um menino.

Crianças, sim ou não?

Nos escritos paulinos (1Cor 3,1; 13,11; 14,20; Ef 4,14), a imagem da criança não é muito positiva: é símbolo de imaturidade e incapacidade; por conseguinte, Paulo sugere superar esse estágio mental e espiritual para tornar-se adulto. Ele está contradizendo Jesus? Não; ambos se referem à criança, porém sob dimensões humanas diferentes. Jesus enfatiza sua abertura ao sentido da gratuidade; Paulo, sua imaturidade como pessoa. Entretanto, fundamentalmente, reivindicam o mesmo, ainda que com linguagem diferente; por exemplo, apontam para a doutrina da salvação como graça de Deus.

Jesus ressaltou que é necessário acolher o Reino sem apelar para reivindicações ou "méritos"; Paulo enfatiza a necessidade de despojar-nos do "homem velho" (Rm 6,6), do "fermento velho" (1Cor 5,7), da "antiga condição" (Cl 3,9), quer dizer, de *nascer de novo* (Jo 3,3), para sermos justificados pela fé, e isso só será possível se nos "tornarmos como criancinhas".

"Bem-aventurados os pobres, os que choram" (Mt 5,1ss)

Esses dizeres são chamados de "bem-aventuranças". Na realidade, porém, apenas ao ouvi-las, elas soam como escândalo e provocação. De fato, poucos são os que as desejam. Boa parte de nossa sociedade as suporta, as tolera, mas oficialmente declarou guerra contra elas. É lícito, então, continuar fazendo essas proclamações, formulando essas propostas? Em que sentido?

As bem-aventuranças na vida de Jesus

Se não fosse Jesus a proclamá-las, elas soariam como irrisórias e até como provocação; porém, são palavras suas e, sobretudo, elas são a sua vida. Ele foi pobre (Mt 8,20); manso e humilde (Mt 11,29); teve fome e sede de justiça (Lc 4,16-20); chorou (Lc 19,41); foi misericordioso (Mt 9,13); construiu a paz (Ef 2,14; Jo 14,27); foi perseguido e morreu pelo Reino de Deus (Jo 18). As bem-aventuranças são como uma velada radiografia de seu mundo interior e um testemunho de sua postura exterior.

Não constituem um sermão improvisado: encontram-se no princípio (Lc 4,16ss), no centro (Mt 11,2-16) e no fim da vida de Jesus (Mt 25,31ss); são sua filosofia; melhor ainda, sua teologia. Sua proclamação pode ser considerada zombaria se desprezamos interessada ou inconscientemente sua ênfase, se as afastamos ou as abstraírmos da pessoa e do projeto de vida de Jesus.

Bem-aventuranças, revelação de Deus

Os exegetas enfatizam que o sentido das "bem-aventuranças" nos lábios de Jesus seria, radicalmente, teológico e teocêntrico. Essa declaração de "felicidade" não seria motivada, baseada em atitudes ou méritos de seus destinatários. Antes, é uma manifestação incondicional do amor de Deus. Esses pobres "provavelmente têm a alma cheia de cobiça, mas, sobretudo, têm as mãos vazias. Invejam os ricos, mas, principalmente, são explorados por eles. Talvez sejam mal intencionados, negligentes, ressentidos, mas sobretudo são pobres. Não são mais verdadeiros que os demais, porém são constantemente enganados e defraudados pelos outros. Não são seguidores da lei, mas sobretudo vítimas da lei. Eles não amam a Deus mais do que os outros; são, porém, amados por Deus mais do que os outros" (J. M. Cadovilla).

O sentido radicalmente subversivo e polêmico das "bem-aventuranças" reside no Deus que se revela: um Deus que opta preferencialmente por quem está perdido, marginalizado, pelo menor. A religião judaica julgou esse Deus impossível, heterodoxo e matou seu herdeiro, Jesus.

As "bem-aventuranças" nos revelam o coração de Deus, suas preferências e seus sofrimentos. São a expressão da opção de Deus pelos pobres contra a pobreza; pelo faminto contra sua fome; pelos que choram contra suas lágrimas... Elas nos dizem que Deus não é indiferente, mas sim toma partido diante da dor do homem. As bem-aventuranças revelam um Deus seriamente comprometido diante da dor humana: misericordioso e justo, pois não há misericórdia sem o restabelecimento da justiça.

É importante perceber essa perspectiva "teocêntrica" para captar toda a profundidade e toda a universalidade que encerram as bem-aventuranças. Interpretá-las somente como exigências morais diminuiria grandemente seu alcance e, sobretudo, deformaria o rosto e o coração de Deus, que, por meio delas, quis revelar-nos Jesus. Deus não é somente remunerador; é sobretudo Salvador.

Bem-aventuranças, propostas de vida

Em um estágio prévio à redação dos Evangelhos, houve primordialmente uma interpretação "antropocêntrica" e "eclesiológica" das palavras de Jesus, deslocando a ênfase destas para os homens e as virtudes e atitudes que deveriam ser adotadas para participar do Reino de Deus, e propondo-as como modelo para a configuração da comunidade cristã. Uma leitura atenta das cartas paulinas permite identificar essa função exemplar na vida dos fiéis individualmente e da comunidade como um todo.

Obviamente, essa "leitura" não contradiz, mas amplia o sentido e o alcance das "bem-aventuranças" pronunciadas por Jesus. Nos Evangelhos de São Mateus e São Lucas, as "bem--aventuranças" não são unicamente uma narrativa, mas uma proclamação de vida e ação.

Assumi-las nesse sentido equivale a situar a vida segundo a alternativa de Jesus. Trata-se de uma alternativa "escandalosa" e "absurda" (1Cor 1,23) para a sabedoria deste mundo, porém luminosa e esperançosa, para mudar a realidade, abrindo horizontes novos, em que o homem seja valorizado e reconhecido por sua essência (valores intrínsecos: imagem de Deus) e não pela aparência (fruto de convenções e injustiças).

Adotar as "bem-aventuranças" como proposta supõe assumir uma chave de leitura da vida "ao inverso", começando pelo último e pelos últimos, com base na firmeza das palavras do Mestre: "Há últimos que serão os primeiros, e há os primeiros que serão os últimos" (Lc 13,30), revestindo-se dos *contravalores* mundanos (Cl 3,5-15). A revalorização do "menor", do "fraco", dos "últimos" (1Cor 1,26-29) não é somente uma constatação da opção de Deus, mas um convite a manter-se nela. Trata-se de uma proposta arriscada, de difícil compreensão (Mt 7,14), acessível somente a "pessoas humildes" (Mt 11,25-26).

As "bem-aventuranças" são o projeto de uma vida, da vida de Jesus, e um projeto de vida, da vida do cristão. O discípulo de Jesus abrir-se-á a Deus, que, por meio delas, se revela, e ao homem, em favor do qual Deus nelas se revela. Quer dizer, deve-se acolher como programa de vida o projeto de Deus apresentado em Jesus.

Se são expressões da experiência que Jesus teve de Deus e dos homens, é válida a recomendação de Paulo aos cristãos de Filipos: "Dedicai-vos mutuamente a estima que se deve em Cristo Jesus" (Fl 2,5). Dessa forma, supõe-se um "esforço" para entrar nelas e difundi-las; exige "esforço" entrar no Reino e difundi-lo (Mt 11,12), bem como "entrar pela porta estreita" (Lc 13,24). O cristão terá de converter-se às "bem-aventuranças" e trabalhar para convertê-las em realidade para os demais. Assim, será bem-aventurado e haverá bem-aventurados!

Lucas quis sugerir algo dessa experiência ao descrever a comunidade cristã com os seguintes traços: "A multidão dos fiéis era um só coração e uma só alma. Ninguém dizia que eram suas as coisas que possuía: mas tudo entre eles era comum. Nem havia entre eles nenhum necessitado, porque todos os que possuíam terras ou casas vendiam-nas, e traziam o preço do que tinham vendido e depositavam-no aos pés dos Apóstolos. Repartia-se então a cada um deles conforme a sua necessidade" (At 4,32.34-35).

As "bem-aventuranças" são a vocação e a missão da Igreja. E é necessário respeitar essa ordem: os cristãos só podem se apresentar como tais por meio de sua vivência, à imagem de Jesus. E terão de anunciá-la com clareza, amor e esperança, da mesma forma que terão de vivê-la. Porque quem faz das "bem-aventuranças" somente uma denúncia não anuncia o Evangelho.

Bem-aventuranças, paradoxos permanentes

À primeira vista, o que se destaca nas palavras de Jesus é a sua formulação: trata-se de uma mensagem incondicional de felicidade: *Bem-aventurados...*

Antes de ser uma exigência moral, é uma boa-nova: anúncio de felicidade antes de ser um imperativo ético; não é recompensa, e sim dom! Entretanto, é uma felicidade paradoxal. São declarados "felizes" os pobres, os famintos, o que não conta, o frágil perante o mundo (cf. 1Cor 1,26-29). Será que Deus se compraz com essas situações? Não, porque as combate, porque não as suporta.

O pobre, o que sofre é um "agraciado", não pelo que sofre, mas pela opção de Deus a seu favor. As "bem-aventuranças" não podem supor a canonização de situações de "segunda classe".

Bem-aventuranças, sinal de uma nova era

As "bem-aventuranças", nos lábios de Jesus, são como a aurora ao amanhecer de uma nova humanidade: são a linguagem e o projeto do homem novo. "Completou-se o tempo e o Reino de Deus está próximo; fazei penitência e crede no Evangelho" (Mc 1,15). Jesus iniciou seu ministério com essa proclamação.

O tempo do homem esgotou-se sem renovar o homem; começa o tempo de Deus, que tem como sinal de identidade a redenção do pobre (cf. Lc 4,16ss). Jesus inaugura mas não esgota um novo tempo. Doravante o tempo se divide em "tempo de Deus", tempo de redenção e de vida, e "tempo morto", tempo de recusa à redenção e de morte. São tempos cronologicamente contemporâneos, inclusive na Igreja, mas qualitativamente antagônicos. O cumprimento das "bem-aventuranças" serve de critério de discernimento para saber em que tempo vivemos.

Essa vinculação das "bem-aventuranças" com o despontar do Reino de Deus foi determinante naquele tempo e é até hoje. Sem essa referência são incompreensíveis, pois "humanamente" continuam sendo "loucura" e "escândalo" (cf. 1Cor 1,23).

"Não te digo até sete vezes, mas até setenta vezes sete" (Mt 18,22)

São Pedro acreditava que, em relação ao perdão, como em tudo, deveria haver um limite razoável, pelo menos como estrita obrigação moral; sete vezes, com a ressonância simbólica do número sete, lhe parecia o máximo de generosidade (cf. Lc 17,3). Por isso, esta resposta de Jesus pareceu desconcertá-lo: "Não te digo sete vezes, mas até setenta vezes sete".

Contexto

O perdão mútuo das ofensas percorre o Evangelho: aparece na oração do Pai-Nosso (Mt 18,23-34), nas parábolas (Mt 18,23-34); nos ensinamentos explícitos (Mt 5,24; 6,14ss; 18,15ss; Mc 11,25; e Lc 6,37; 17,3-4). O perdão dos pecados, por sua vez, é uma das propostas específicas de Jesus (Jo 1,29; 20,23; Mt 9,3ss e paralelos; Lc 7,47-49; 23,34).

O texto

O texto comentado em algumas versões é traduzido: "[...] até setenta e sete vezes", em claro paralelismo com Gn 4,24:

"Se Caim será vingado sete vezes, Lamec o será setenta e sete vezes". Acredito que se trata de uma "acomodação" que, além disso, enfraquece o "escândalo" da expressão e diminui a incondicionalidade do perdão. O perdão de Jesus supera a vingança de Lamec!

No entanto, o "irmão" a que Pedro se refere é, provavelmente, o irmão na fé, como também em Lc 17,3 e Mt 18,15-17. Os comentaristas introduzem um paralelo entre Mt 18,15ss e Mt 18,21. No primeiro caso, tratar-se-ia de um pecado; no segundo, de uma ofensa pessoal. No primeiro caso, o chamado a intervir parece ser o dirigente da comunidade; no segundo, o atingido pela ofensa.

A resposta "Não te digo sete vezes [...]", inspirada, sem dúvida, na práxis de Jesus, que viveu e morreu perdoando – "Pai, perdoa-lhes" (Lc 23,34) –, pretende iluminar a realidade cotidiana da comunidade primordial, onde o perdão se fazia cada vez mais necessário (1Cor 5–6; 2Cor 2,7-10; Ef 4,32;Cl 3,13...).

Sentido

O perdão deve ser a última, a única palavra do cristão. E perdoar não é somente aceitar a desculpa do ofensor, mas protagonizar a reconciliação (Mt 5,23-24).

Perdoar é não viver envolvido com a lembrança da ofensa (perdoo, mas não esqueço), mas renovar a fisionomia das coisas e das pessoas por meio da renovação do próprio coração (1Cor 13,5). Assim, quem perdoa nunca se rebaixa; eleva-se até a condição de Deus, "rico em misericórdia" (Ef 2,4), e eleva a condição daquele a quem perdoa, convertendo-o de inimigo em irmão.

Não é o perdão, identificando-se com o pacifismo acrítico, uma renúncia a buscar a verdade e a justiça (Mt 6,33; 10,34); em algumas ocasiões, exigirá adotar atitudes enérgicas, porque todo perdão deve ser libertador; sempre, porém, com um espírito purificado pela misericórdia e pela experiência do perdão de Deus (Ef 4,32). O perdão não substitui a justiça, mas deve inspirá-la. Também não pode ser um estímulo à irresponsabilidade; a generosidade no perdão não pode converter-se em algo banal. Não pode ser como uma das frases de William Shakespeare, quando diz: "Nada encoraja tanto o pecador como o perdão"; pelo menos o perdão não deve tender a isso.

Perdoar é também perdoar-se a si mesmo para, aceitando as próprias falhas, aceitar o perdão alheio. E isso não é fácil. Sem dúvida, esse perdão, o de deixar-se perdoar, é necessário para recompor nossa existência ferida e abrir-nos à acolhida dos outros.

Se temos um inimigo, se o ódio nos queima, se alguma agressão torna-se intolerável, se sentimos repulsa ou asco imenso por alguém, meditemos sobre essas palavras, pois são palavras de Jesus! Esta é a via rumo à identidade cristã. O Evangelho é palavra de esperança e nos diz que não há situações imperdoáveis – próprias ou alheias; há somente *pessoas* incapazes de perdoar, de perdoar-se ou de se deixar perdoar. "Perdoai-nos as nossas ofensas, assim como nós perdoamos aos que nos ofenderam" (Mt 6,12) deve ser uma súplica permanente, e somente Deus, com seu perdão e sua inspiração, pode torná-la possível.

"Porque há eunucos que o são desde o ventre de suas mães e há eunucos que a si mesmos se fizeram eunucos por amor do Reino dos céus" (Mt 19,12)

Essas palavras de Jesus, transmitidas somente no Evangelho de São Mateus, suscitam certa perplexidade. De fato, uma compreensão equivocada dessas palavras conduziu alguns à mutilação física, nos primeiros séculos da Igreja, entre eles o grande escritor Orígenes. Esta foi uma interpretação muito distante dessa afirmação de Jesus! Uma avaliação mais atenta ajudará a compreender todo o seu significado teológico, profético e biográfico.

O *logion* em si mesmo

Se compararmos Mt 19,12 com Mc 10,1-31, observaremos, imediatamente, que se trata de uma inserção própria do primeiro evangelista entre o tema da indissolubilidade do matrimônio

(Mt 19,1-9; cf. Mc 10,1-12) e a cena de Jesus com as crianças (Mt 19,13-15; cf. Mc 10,13-16). Vejamos algumas peculiaridades.

a) Gênero literário

Quanto à natureza literária, estamos provavelmente diante de um *mashal*, que significa "a exposição breve e enérgica de um pensamento, valendo-se de uma frase proverbial, ou da apresentação, mais ou menos desenvolvida, de uma ideia, recorrendo a uma imagem ou comparação. O conceito de *mashal* vai muito além: desde o provérbio, o paradoxo e a adivinhação, passando pela frase sapiencial, até a comparação ou a parábola propriamente dita e a alegoria. Para todas essas formas, podemos encontrar exemplos nas palavras de Jesus" (H. Zimmermann). O convite final ("quem pode entender que entenda") confirma essa percepção.

b) Autor

Apesar de ser "próprio" de Mateus, não parece que o *logion* seja uma "criação" do evangelista; é mais provável que proceda de uma coleção de "ditos" formada em ambientes judeu-cristãos. Justino e Epifânio conhecem o *logion* e citam-no de forma diferente de Mateus, ainda que todos conservem a motivação pelo Reino dos Céus.

No entanto, a continuidade e a descontinuidade entre o *logion* e o ambiente contemporâneo de Jesus, a motivação do Reino, o uso do passivo teológico (para aqueles a quem foi concedido), o ritmo ternário ("há eunucos [...].; há eunucos [...]; há eunucos [...]") e a proposta do "dito" como *mashal* ("quem pode entender [...]") levam J. Jeremias a concluir: "Tudo isto é algo fora dos costumes. Os mestres da época não ensinaram assim e a Igreja dos primórdios não inventou nenhum 'enigma' (*mashal*) de Jesus, mas, longe disso, os esclareceu". O *logion*, pois, cumpre todos os requisitos para ser atribuído a Jesus.

c) As circunstâncias ou a ocasião

No Evangelho de São Mateus, o *logion* aparece vinculado a um ensinamento sobre a indissolubilidade do matrimônio; porém, seria este o seu lugar original?

Por um lado, uma vez que o Evangelho de Marcos o desconhece e Justino o acolhe sem fazer menção ao tema do matrimônio, e tendo em vista a evidente forma de redação de Mateus percebida no texto, seria mais certo buscar outra "situação" original para ele.

Por outro lado, sabemos que Jesus veio abrir as portas do Reino aos que o judaísmo oficial, com seu legalismo e seu puritanismo, havia marginalizado: prostitutas, publicanos... (cf. Mt 21,31-32). Entre eles encontram-se, também, os eunucos. "Há quatro classes de homens que devem ser considerados mortos: os leprosos, os cegos, quem não tem filhos e quem empobreceu" (Midrash Gen. Rabbat LXX, 1-15). Com essa expressão, Jesus quisera romper outra fronteira? É improvável que essa intenção seja encontrada na origem do *logion*.

Mais convincente e mais consensual parece a leitura que vê nessas expressões uma resposta – defesa pessoal de Jesus perante as insinuações negativas diante de sua condição de celibatário; esse dado, por sinal, é inquestionável. Sabemos como foi criticado por alguns de seus comportamentos e como respondeu (cf. Mt 11,19; 9,9-11; Lc 7,23). A respeito de seu celibato, Jesus aceitou o "comentário" e explica a razão de sua opção pessoal – o Reino de Deus –, e acrescentou algo importante: semelhante "anormalidade" (porque não é o normal) só é compreensível para aqueles a quem Deus concede entendê-la. O *logion* seria, pois, uma autojustificativa da vida celibatária de Jesus.

O *logion* no contexto de Mateus

Esse "dito" de Jesus chega até nós marcado por um contexto concreto: a continuação de um diálogo sobre a indissolubilidade do matrimônio.

Ao casuísmo rabínico Jesus opõe o projeto original de Deus a respeito do casal humano. E, diante da permissão mosaica do divórcio e do repúdio da mulher, introduz um posicionamento crítico – a *dureza de coração* (v. 8) –, enfatizando que isso supõe uma ruptura importante com relação ao *princípio* (v. 8). Em todo caso, o divórcio, admitido somente em caso de "porneia", termo muito discutido em sua interpretação, de modo algum legitimaria um ulterior matrimônio, que seria um adultério. Tal conclusão havia levado os discípulos a reagir (com assombro e ironia) ao versículo 10. Então, o *logion* surge em pauta. Sua interpretação no atual contexto não é uniforme.

Para alguns comentaristas, os que se fazem eunucos pelo Reino são aqueles que haviam optado por uma vida celibatária para preparar-se melhor para o Reino. Trata-se da oposição de dois estados de vida: o matrimônio (para as pessoas em geral) e o celibato (a quem foi dado compreendê-lo).

Essa interpretação, contudo, não parece plenamente satisfatória. Por um lado, a proposta incluída nesse *dito* não parece significar, simplesmente, "não se casar". Por outro lado, em 1Cor 7, Paulo, depois de ter se pronunciado sobre o divórcio e o novo matrimônio, afirma expressamente que não conhece nenhuma ordem do Senhor a respeito da virgindade. Isso significa que ignorava esse *logion* ou, pelo menos, que desconhecia sua interpretação no que diz respeito à virgindade ou ao celibato.

Outros acreditam que esse "dito" pode somente referir-se aos que foram casados e se separaram legitimamente de sua mulher mediante alguma circunstância de "porneia". Estes não poderão casar-se novamente, mas devem portar-se como eunucos, por causa do Reino de Deus. Os destinatários desse *logion* seriam todos os discípulos. Essa interpretação, além de unir estreitamente o *logion* sobre a continência com o debate sobre a indissolubilidade do matrimônio, parece estar de acordo com 1Cor 7,10ss. Entretanto, pelo fato de o *logion* dar sequência ao tema da indissolubilidade, deveria ser lido como um desenvolvimento desse tema ou poderia ser tratado autonomamente?

Não falta quem veja nesse texto, que originariamente era uma autodefesa de Jesus, a justificativa de um "estilo" de vida seguido por cristãos inspirados na práxis de Jesus e de alguns de seus seguidores. Não deveriam ser considerados "eunucos pelo Reino os que deixam mulher" (Lc 18,29s) por causa de Jesus e do Evangelho? Mateus teria tido a intenção de legitimar essa opção, que não desqualifica a opção matrimonial.

Em todo caso, esse dito de Jesus não deve ser entendido como um convite à "esterilidade", mas à "fecundidade" espiritual. Não se trata tanto de "abster-se", mas de "entregar-se" à causa do Reino. E nos recorda que o celibato, ou a virgindade, não é um "conteúdo" específico do Reino, mas uma "estratégia" peculiar para servir a Ele.

O Evangelho Segundo São Marcos

2

"A respeito, porém, daquele dia ou daquela hora, ninguém o sabe, nem os anjos do céu nem mesmo o Filho, mas somente o Pai" (Mc 13,32)

Esse versículo está entre aqueles que imediatamente criaram problema, fazendo correr rios de tinta. Em algumas ocasiões, na tradição literal do Evangelho de São Marcos, chegou-se a eliminar "nem mesmo o Filho". Assim no código minúsculo 983. O Evangelho de São Lucas, por sua vez, suprime o "dito" em seu texto paralelo aos versículos de Marcos (Lc 21,25-27). A versão latina da Vulgata elimina no texto de Mt 24,26, paralelo ao de Marcos, a expressão "nem o Filho".

Qual é o motivo de tudo isso? A aparente subordinação e desvantagem do Filho em relação ao Pai. "Todas as coisas me foram dadas por meu Pai [...]" (Mt 11,27a). Então, por que não teria recebido conhecimento dessa data?

No entanto, contemplada serenamente, a frase é perfeitamente compreensível e, embora se deva reconhecer sua dificuldade, não provoca nenhum escândalo, exceto aos que estão dispostos a escandalizar-se com tudo. O problema não é "dogmático", mas "escriturístico". E assim deve ser abordado.

A frase em seu contexto

Essa frase está no capítulo 13 do Evangelho de São Marcos, no final do chamado "discurso escatológico". Nos versículos 28-32, Jesus convida seus discípulos a manter uma atitude de vigilância ativa para saber discernir e interpretar a história (vv. 5-23) sem se deixar enganar. A veracidade de sua palavra está fora de dúvida (v. 31); a presente geração será testemunha (v. 30): "A respeito, porém, daquele dia e daquela hora, ninguém o sabe, nem os anjos do céu, nem mesmo o Filho, mas somente o Pai" (v. 32).

De que dia e hora se trata? Sem dúvida, do que foi vaticinado nos versículos 24-27. Subjacente a essas afirmações está a imagem do Antigo Testamento referente ao Dia de Yahveh (Am 5,18-20; Is 2,12; Jr 46,10); e o fato de que só Deus os conheça é também uma convicção ancorada no Antigo Testamento (AT) (Zc 14,7) e na chamada literatura intertestamentária (Salmos de Salomão 17,23).

O não "saber" dos anjos em temas importantes também é frequente no judaísmo (Es 4,52; 1Pd 1,12; Ef 3,10). Falta considerar o inciso "nem o Filho", origem da reflexão em pauta.

Tentativas de explicação

Comecemos por indicar que a cristologia do Evangelho de São Marcos não é idêntica àquela formulada pelo Concílio de Calcedônia (ano 451) com base nos textos bíblicos. Encontramo-nos a vários séculos de distância. Nele se configurou o credo chamado Calcedoniano, em que o dogma trinitário adquiriu sua formulação atual. Nem Jesus nem o evangelista Marcos estavam preocupados com essas formulações doutrinais. Convém advertir, também, que o Evangelho de Marcos, por ser o primeiro escrito, apresenta textos mais "espontâneos" e menos "elaborados".

Assim, os textos de Mt 12,9-14 e Lc 6,6-11 eliminam o olhar indignado de Jesus (Mc 3,5); assim como o olhar "carinhoso" de Mc 10,21 desaparece nos paralelos de Mt 19,16-22 e Lc 18,18-23. Entretanto, Marcos não hesita em transmitir a impressão existente no círculo de seus familiares a respeito de Jesus – "Ele está fora de si" – e o propósito de "retê-lo" para levá-lo para casa (Mc 3,20-21). Já Mateus e Lucas silenciam o fato, assim como os discípulos aparecem "melhorados" em seus textos, em comparação com o texto-base de Marcos (cf. Mc 8,17 = Mt 16,5-12; Mc 10,14 = Mt 19,13-15 e Lc 18,15-17).

Aproximando-nos de nosso texto, podemos distinguir alguns aspectos significativos:

- A fórmula absoluta "o Filho", usada para designar Jesus em relação "ao Pai", não aparece nos Evangelhos sinóticos (paralelo Mt 24,36) e em Mt 11,27 (paralelo Lc 10,22). No entanto, essa linguagem é bastante comum no "mundo joanino".

- O texto fala do Filho fazendo um paralelismo comparativo com os anjos. Em outros casos, quando isso acontece, não se fala de "o Filho", mas de "o Filho do homem" (Mc 8,38; 13,26-27; Lc 12,8). Essa observação parece particularmente interessante, porque indica em que sentido se deve caminhar para a correta interpretação. "Se se pretendesse colocar em relevo a dignidade única de Jesus, no plano da doutrina trinitária, não se falaria simplesmente do Filho, mas do Filho de Deus, como ocorre em outros textos (Mc 1,1; 15,39). Entretanto, este não é o caso. Certamente supõe-se uma dignidade superior do Filho em relação aos anjos, porém a acentuação recai sobre quem é o Filho e não tanto sobre a dignidade. E o valor essencial dessa palavra está em afirmar sua relação com o Pai, uma relação de dependência, de essencial referência. O Filho nos orienta ao Pai, que está presente nele. Tudo isso pode parecer, mas não é, subordinação heterodoxa. Dever-se-ia levar mais em conta que Jesus de Nazaré, descendente de Davi segundo a carne, é constituído Filho de Deus e Senhor (ainda que essa dignidade já lhe fora garantida graças à sua realidade exclusivamente divina, mas aqui não se trata disso) pela Ressurreição dentre os mortos (Rm 1,3-5; Hb 2,3-6). Também deveríamos estar cientes de que é Deus, o Pai, quem tem a iniciativa em todos os momentos importantes da história da Salvação. Foi Ele quem ressuscitou seu Filho – nunca lemos no NT que Jesus ressuscitou por virtude ou poder próprios – e o constituiu Senhor e Cristo" (Felipe F. Ramos).

- Portanto, o "dito" encaixa-se perfeitamente no pensamento apocalíptico do judaísmo contemporâneo, no qual só Deus estabelece a data do fim dos tempos. Nesse caso, assim como em outros, Jesus afirmaria nitidamente a singularidade de Deus (Mc 10,18.27.40).

- Os estudos exegéticos mais recentes apontam que o texto em sua literalidade dificilmente seria proveniente de Jesus; parece ser mais proveniente do evangelista. Teria surgido em uma situação de apaixonada e eminente espera da Parusia, com a pretensão de corrigir e moderar essa expectativa, sugerindo como alternativa a vigilância (cf. J. Gnilka, *O Evangelho segundo São Marcos*, p. 241).

- Convém não esquecer que essa "ignorância" poderia encontrar um ponto de contato com a afirmação de Lucas de que "Jesus crescia em estatura, em sabedoria e graça, diante de Deus e dos homens" (Lc 2,52).

- Em todo caso, essa "ignorância" de Jesus não é mais "escandalosa" que a "debilidade" manifestada no Getsêmani: "Abbá! (Pai!), suplicava ele. Tudo te é possível; afasta de mim este cálice. Contudo, não se faça o que eu quero, senão o que tu queres" (Mc 14,36).

Conclusão

Diante do exposto, parece claro o sentido da expressão inicial do capítulo. Não supõe nenhuma limitação da divindade do Filho, e sim uma afirmação da realidade de sua encarnação. Essa interpretação não pertenceria ao "conhecimento salvador" que Jesus viera revelar. A intenção original da expressão é dissuadir os cristãos de entregar-se a especulações estéreis sobre a vinda da Parusia, convidando-os à vigilância responsável, como sublinham os versículos (vv. 33-37). Esta é a vontade de Jesus.

"Não vim chamar os justos, mas os pecadores" (Mc 2,17)

Essa frase sintetiza a práxis pastoral de Jesus. Em seu ensinamento (parábolas da ovelha perdida, do filho pródigo, da dracma perdida, constantes no capítulo 15 de Lucas) e em seu comportamento (Lc 15,1-2; 7,36-50), essa heterodoxia doutrinal e existencial escandaliza. Entretanto, não se deve extrair desse *logion* o menosprezo pelos justos, que o próprio Jesus declarou bem-aventurados (Mt 5,10).

Assim, essa frase tem o mesmo peso daquela que aparece em Lc 15,7.10, e refere-se à alegria no céu quando há a conversão de um pecador; pretende justificar a opção misericordiosa de Deus em Jesus Cristo e desqualificar a falsa consciência de justos reivindicada por seus opositores.

Quem eram os justos

"Aquele que tem mãos inocentes e coração puro" (cf. Sl 24[25],4), "aquele que anda no caminho do Senhor, sem praticar injustiça" (cf. Sl 119[120],3). Justo é aquele que conjuga harmoniosamente uma atitude reverente diante de Deus com um comportamento correto; o Senhor se compraz com ele (cf. Jo 1,1.8).

Não é desses justos que Jesus fala, mas daqueles que se creem tais; na realidade, não são e, de certa forma, merecem os dramáticos "ai" de São Mateus (Mt 23,13-32). Os que criticam e condenam Jesus porque come com os publicanos e pecadores (Mc 2,6), os que, pretendendo ser justos, desprezam a salvação trazida por Jesus.

Na parábola do fariseu e do publicano (Lc 18,9-14) pode-se apreciar a falsa consciência de justiça que Jesus denuncia, a autossuficiência e a ênfase no cumprimento superficial da lei. Trata-se de uma justiça insuficiente para entrar no Reino dos Céus (Mt 5,20).

E os pecadores?

Com essa denominação eram apontados todos os que se enquadravam nas zonas da marginalidade religiosa oficial, pessoas que, por seus costumes ou sua profissão desvalorizada, eram consideradas "impuras", com as quais não se deveria tratar (publicanos, prostitutas, enfermos contagiosos, entre outros); também eram considerados pecadores, evidentemente, os que transgrediam publicamente os preceitos da lei.

A práxis de Jesus

"O Filho do Homem veio buscar e salvar o que estava perdido" (Lc 19,10). Essa frase de Jesus, pronunciada na casa de Zaqueu, resume sua práxis. Com base nela compreendem-se os ensinamentos de suas parábolas (Lc 15,6.9.24.32) e sua estratégia evangelizadora: comer com os pecadores, conviver com pessoas "impuras".

Os testemunhos poderiam ser ampliados: Jesus não retirou seus pés ao serem beijados por uma pecadora pública (Lc 7,36);

buscou o diálogo com o publicano Zaqueu (Lc 19,1ss); desafiou os "justos" a atirar a primeira pedra na mulher surpreendida em adultério (Jo 8,1SS).

Sua vocação de Verbo encarnado o impedia de viver em ambientes fechados. Não se preocupou em evitar possíveis perigos (Jo 11,6-9) e contágios (Mt 8,17). Não recusou as companhias "perigosas", as "más companhias", porque veio buscar a companhia do homem necessitado de salvação. E essas "más companhias" seguiram-no até a morte (Mc 15,27). Porque Jesus, em toda a trajetória de sua vida, não se preocupou tanto em ter *boas companhias*, mas em ser um bom companheiro.

A pontuação em São Lucas

O Evangelho de São Marcos, em sua concisão, mantém e transmite o sentido de anúncio e denúncia contido na frase: anúncio da prioridade de Jesus – o sujeito perdido – e denúncia da autossuficiência dos pretensos justos (cf. Lc 7,29-30; Mt 21,31-32; Jo 8,33). No Evangelho de São Lucas, a frase é matizada "Não vim chamar à conversão os justos, mas sim os pecadores" (5,32).

Com certeza, em São Marcos, este também era o sentido do chamado de Jesus: "[...] fazei penitência e crede no Evangelho [...]" (Mc 1,15). No entanto, o texto de Lucas, talvez para evitar equívocos que poderiam levar a uma interpretação errônea do "chamado", especifica-o dessa forma. É evidente que Jesus jamais adota uma postura tíbia diante do pecado, e muito menos, romântica; denuncia-o com força, mas não de modo absoluto; só o amor de Deus é absoluto, e isso é o que Ele anuncia e enfatiza.

Será que Jesus exclui os "justos"?

Jesus não refutou as "más companhias", e também não evitou o encontro e o diálogo com os fariseus: aceitava seus convites, compartilhava com eles a mesa (Lc 7,36; 11, 37), mantendo com eles um diálogo aberto e permanente.

Quando disse "Não vim chamar à conversão os justos", Jesus não teve a intenção de fazer nenhum tipo de exclusão ou diminuição em sua missão; era, antes, um chamado instigador a esses "justos", que não estavam dispostos a receber nenhuma lição (Jo 9,34), para que descobrissem sua "injustiça", sua falsa consciência de justiça – a insuficiência da lei –, e se abrissem à Boa-Nova que Ele ensinava e anunciava.

Hoje

A Igreja, no nível comunitário e individual, deve acolher essas palavras do Senhor e ver se ela, como nos grupos religiosos do tempo de Jesus, não introduz também uma falsa consciência de "justiça" pelo simples fato de cumprir a lei, por mais eclesiástica que ela seja.

Além disso, ela deve encarnar essa práxis de Jesus em seu ministério, anunciando e realizando a oferta da Salvação e denunciando a falsa consciência de justiça.

"Meu deus, meu Deus, por que me abandonaste?" (Mc 15,34)

Essas palavras pertencem ao grupo das "sete palavras" pronunciadas por Jesus na Cruz.

São palavras difíceis que até escandalizam; no entanto, são palavras adoráveis e esperançosas – e mal interpretadas desde o princípio – "Alguns dos circunstantes diziam: Ele chama por Elias![...]. Deixai, vejamos se Elias vem tirá-lo (da cruz)" (Mc 15,35-36) – e que até hoje continuam mal entendidas. Porque esse grito não é de desespero, cego ou resignado, e sim de oração lúcida e confiante. Não fala do abandono de Jesus por Deus, mas do abandono de Jesus em Deus, que "não desviou dele a sua face, mas o escutou quando gritava por socorro" (Sl 21[22],25). Fundamentalmente, estas palavras traduzem as que São Lucas coloca nos lábios de Jesus antes de morrer: "Pai, nas tuas mãos entrego meu espírito" (Lc 23,46).

Palavra de Jesus?

"Meu Deus, meu Deus, por que me abandonaste?" São palavras do início do Salmo 21(22), oração esperançosa de um justo em meio ao sofrimento. Um salmo, no entanto, de grande importância para o "revestimento" escriturístico do relato evangélico da paixão e da morte de Jesus.

Os insultos (Mt 27,39), os desafios (Mt 27,43), a sede (Jo 19, 28), o rasgar da túnica (Mt 27,35) e seu sorteio (Jo 19,24) são outros elementos abordados no Salmo 22(23),9.16.18b.19. Seriam, então, palavras de Jesus? Teriam sido pronunciadas realmente por Ele?

Os testemunhos evangélicos

A expressão em tela está presente nos relatos evangélicos de Mateus (27,46) e Marcos (15,34); está, no entanto, ausente nos de Lucas e João. Por quê? Foi eliminada para evitar equívocos que conduziriam a interpretar Jesus como um abandonado de Deus? Mas então por que foi conservada em outros Evangelhos?

Todos os exegetas são unânimes ao reconhecer a indicação da data dos Evangelhos, dando primazia cronológica ao de São Marcos. Também há coincidência em aceitar que esse evangelista teve acesso a material prévio oral e escrito que circulava nas comunidades cristãs que ele recolheu e elaborou.

No entanto, é sobejamente conhecido que a comunidade cristã primitiva elaborou e focalizou os momentos mais importantes da vida de Jesus à luz de textos do AT, provando com eles que em Jesus cumpriram-se todas as promessas de Deus e as esperanças de Israel.

A respeito da paixão de Jesus, Marcos deparou-se com um relato em que já figuravam essas palavras, expressão da fé cristológica da comunidade primitiva, que, desde o princípio, teve de perguntar-se e responder à questão: Quem é Jesus? Nesse caso, a resposta foi dada com palavras do Salmo 21(22): Jesus é o justo que sofre. Trata-se, pois, de uma resposta de ordem teológica, e aí reside seu interesse.

Seguindo pausadamente o itinerário dessa cena da Paixão de Jesus, pode-se observar algo muito significativo. Em Mateus e Marcos, essas palavras são o conteúdo em que se concretiza o *potente grito* de Jesus; em Lucas, o conteúdo desse grito expressa-se com outras palavras: "Pai, nas tuas mãos entrego o meu espírito" (Lc 23,46); em João não se faz alusão nenhuma ao grito: Jesus entrega serenamente o espírito, depois de provar o vinagre que lhe tinha sido oferecido (Jo 19,30).

Dessa breve crônica pode-se deduzir que o relato mais antigo da Paixão falava de um forte grito de Jesus na hora da morte. Como interpretá-lo? Com base na palavra de Deus, com palavras inspiradas, as do Salmo 21(22). Assim o fez a comunidade cristã.

Que Jesus as tenha pessoalmente pronunciado ou não não é o mais relevante; realmente importante é que essas palavras interpretam, traduzem e testemunham uma dimensão da morte de Jesus e do próprio Jesus. É nisso que podemos crer. Essas palavras são mais valiosas por serem testemunhos sobre Jesus do que por serem relíquias de Jesus.

Palavras reveladoras

Até que ponto Deus uniu-se ao homem? Até sentir-se, por alguns momentos, mais homem que Deus. Sim, isso pode soar como uma imprecisão teológica ou dogmática. Entretanto, é imaturo nosso conhecimento e são imperfeitas nossas expressões quando se trata de formular o mistério (cf. 1Cor 13,9), porque não estamos diante de *um* mistério, mas diante *do* mistério!

Ao contrário do que pode parecer, essas palavras não encobrem, mas revelam Deus. Não são indício do eclipse de Deus na vida de Jesus, mas o anúncio de uma nova aurora. Na Cruz de Cristo e em toda cruz, Deus é *Emanuel*, o Deus conosco; não para fazer-nos descer dela, mas para vivê-la e sofrê-la conosco.

Graças a essas palavras colocadas nos lábios de Jesus, adquirimos direito e confiança para não subtrair nem ocultar de Deus nossos desalentos, mas para adquirir força para colocar nelas, como em uma patena, nossos gritos de desespero, sabendo que não são rebelião nem provocação ímpia, mas um modo de clamar a Deus do fundo do coração com as palavras de seu Filho.

"Com a medida com que medirdes, vos medirão a vós, e ainda se vos acrescentará" (Mc 4,24)

Essa expressão não deixa de ser chocante, mas, sem dúvida, remonta ao próprio Jesus. Demonstra-o pelo fato de aparecer cinco vezes citada nos Evangelhos, e em contextos distintos (Mt 13,12; 25,14-29; Mc 4,24; Lc 8,18; 19, 22-27).

Tomada ao pé da letra, é uma palavra paradoxal; como se pode tirar de alguém aquilo que não tem? Por isso, talvez, Lucas modifica um pouco essa expressão: "até aquilo que julga ter lhe será tirado".

A peculiaridade da frase

Com frequência, para enfatizar algo, costumamos recorrer a expressões muito radicais e absolutas. Assim, por exemplo, para dizer que um fato ou uma notícia são conhecidos, afirmamos que "todo mundo sabe", ainda que esse "todo mundo" seja um grupo reduzido de pessoas, os vizinhos etc.

Jesus recorria também a esses exageros linguísticos para captar a atenção de seus ouvintes: "Deixa que os mortos enterrem seus mortos [...]" (Mt 8,22); "É mais fácil um camelo passar pelo fundo de uma agulha [...]" (Mc 10,25). Evidentemente, a compreensão dessas expressões não reside na literalidade, mas na intencionalidade.

Sobre o que Jesus quer chamar a atenção com essas palavras? Sobre a necessidade de acolher com gratidão e responsabilidade a mensagem e as tarefas do Reino de Deus por Ele anunciado. Com elas, Ele denunciava a falsa segurança dos que se julgavam possuidores do dom de Deus por direito próprio, porque tinham a lei, e a falta de criatividade a respeito das urgências do Reino, sepultando-o em uma religiosidade empobrecida e ritualista.

Contextos distintos da frase

Isso pode ser confirmado nos diversos contextos em que a frase aparece.

Mt 25,14-29 e Lc 19,12-27

Um proprietário, antes de empreender uma longa viagem, confia a administração de sua casa a alguns servidores. Depois de muito tempo, regressa e os convoca a prestar contas de sua gestão. Dois dos empregados recebem calorosas felicitações e uma generosa gratificação por seu trabalho; o terceiro, ao contrário, recebe uma dura repreensão por sua inoperância (havia guardado a quantia recebida sem fazê-la render) e a ordem de lhe ser tirado tudo e dado ao que havia recebido mais, "porque se dará ao que tem e terá em abundância! Mas ao que não tem, tirar-se-á mesmo aquilo que julga ter".

Estaria sendo louvada a gestão econômica e financeira pelo simples fato da rentabilidade obtida? Não. Melhor dizendo, está sendo denunciada a atitude irresponsável dos que esquecem seus deveres em relação ao dom recebido de Deus. Jesus não defende um sistema econômico baseado na máxima rentabilidade do capital, mas uma atitude responsável baseada na fidelidade.

Mc 4,25 e Lc 8,18

Nessas duas passagens, a frase recebe uma contextualização diferente. Trata-se de responsabilidade diante das palavras de Jesus: "Atendei ao que ouvis [...]. Pois ao que tem [...]" (Mc 4,24-25); "Vede, pois, como é que ouvis. Porque ao que tiver [...]" (Lc 8,18).

Essa frase é um convite ao discernimento. Aquele que mantém uma atitude acolhedora sincera e responsável diante da mensagem de Jesus sente-se enriquecido; quem, ao contrário, fecha-se em si mesmo fica mais pobre, pois essa recusa converte-se em autocondenação.

Mt 13,12

No contesto da explicação da parábola do semeador, aparece pela terceira vez essa expressão, só no Evangelho de Mateus (cf. paralelos em Marcos e Lucas). É utilizada como resposta à indagação sobre o motivo de Jesus falar em parábolas (Mt 13,10). Uma distinção é estabelecida entre "vós", os discípulos, e "eles", os demais (geralmente os escribas e fariseus).

Essa linguagem parece paradoxal: "ter" (*ao que tem...*) equivale a "não ter"; ou seja, adotar uma atitude de indigência, como a da criança (Mc 10,15) aberta aos dons de seus pais; e não "ter" (*Ao que não tem*) equivale a "apegar-se", quer dizer, a autossuficiência.

O discípulo será enriquecido acolhendo o ensinamento de Jesus; os outros, recusando essa mensagem, perderão até aquilo que acreditavam ter: a Lei como garantia da Salvação; porque esta, a Salvação, já não depende da lei, mas do Evangelho.

Destinatários

Essa frase, originalmente pronunciada por Jesus, deve, desde então, ter ampliado e diversificado o horizonte de seus destinatários.

- Os ouvintes contemporâneos de Jesus. Os escribas e fariseus, o povo, os discípulos puderam ouvir essas palavras dos lábios de Jesus com um tom de denúncia (Mt 25,24-29), de advertência (Mt 4,24-25) e até de consolo (Mt 13,12), embora, talvez, as tonalidades provenham dos próprios evangelistas ao contextualizá-las em seus escritos.

- Os cristãos de antigamente. Os Evangelhos foram escritos para a Igreja ou igrejas da época. Seu interesse primordial não era repetir ou evocar o passado, mas iluminar o presente por meio de Jesus: suas palavras, seus feitos. Essa frase, cujo comentário nos envolve, já tem nos Evangelhos como destinatários os cristãos: a Igreja. E conserva os mesmos tons de denúncia, advertência e consolo, porque na Igreja da época podiam também ser introduzidas a falsa segurança de sentir-se salvos e a falta de responsabilidade diante das urgências do Reino.

- Os cristãos de hoje. Após 2 mil anos de história cristã, continuam válidas essas palavras, que nos convidam a assumir a causa iniciada em Jesus e por Jesus, trabalhando pela paz, pelo amor, pela solidariedade, pois tudo isso faz parte do Reino de Deus, sem que durmamos acomodados e inertes.

"É mais fácil passar o camelo pelo fundo de uma agulha do que entrar o rico no Reino de Deus" (Mc 10,25)

Os comentadores são unânimes em afirmar que essa expressão tem autenticidade como palavras proferidas por Jesus. Os três Evangelhos sinóticos conservam-nas no mesmo contexto. Sem dúvida, são palavras que, por sua radicalidade, levaram muitos a buscar explicações que diminuiriam esse seu certo tom "escandaloso".

O contexto

Um homem aproxima-se de Jesus com uma pergunta intrigante: "Bom Mestre, que farei para alcançar a vida eterna?" (Mc 10,17 e paralelos). A resposta inicial de Jesus remete-o à observância dos mandamentos. Entretanto, diante da reação do interlocutor, que assegura tê-los cumprido desde a infância, Ele lhe formula esta proposta: "Uma só coisa te falta" (Marcos e Lucas), "se quer ser perfeito"

(Mateus); "vai, vende tudo que tens, dá-o aos pobres, ... e segue-me". Diante disso, aquele homem retira-se entristecido e entristece Jesus, que exclama: "Quão dificilmente entrarão no Reino de Deus os ricos! [...] É mais fácil passar o camelo pelo fundo de uma agulha do que entrar o rico no Reino de Deus" (Mc 10,23-25 e paralelos)

O texto

A frase "escandalosa" que comentamos é uma expressão proverbial para indicar a dificuldade de que algo se produza senão por um verdadeiro milagre ou por uma circunstância muito especial. Os rabinos conhecem a comparação do elefante e do buraco da agulha; outros recorriam à contraposição entre a formiga e o camelo.

Muito tempo foi empregado em buscar uma explicação lógica tanto para a agulha (= abertura estreita na parede) como para o camelo (= fio para atar) para amainar a dificuldade: tempo perdido! O paradoxo e a hipérbole fazem parte da estrutura do provérbio. Com essa expressão, Jesus pretendia: a) indicar algo que faz parte de seu Evangelho: o perigo das riquezas para acolher o Reino; e b) sublinhar, sobretudo e apesar de tudo, a força salvadora da graça de Deus (Mc 10,27 e paralelos)

O perigo das riquezas

A atitude crítica de Jesus a respeito das riquezas, bem explícita, procede não de uma postura *a priori* diante delas, mas da constatação de uma série de dados:

- **As riquezas distorcem os valores da vida.**

O desejo de possuir ou apossar-se pode conduzir a um grande equívoco e, esquecendo "porque a vida de um homem, ainda que ela esteja na abundância, não depende de suas riquezas" (Lc 12,15), a pessoa passa, de maneira acrítica, a confiar em realidades que não têm suficiente solidez para assegurar a existência (Lc 12,16-21). O livro de Coélet, ou Eclesiástico (5,9-6,7), já alertava para isso de diversas maneiras. Daí a recomendação do salmo: "Crescendo vossas riquezas, não prendais nelas os vossos corações" (Sl 61(62),11).

- **As riquezas geram autossuficiência e falta de solidariedade.**

Na parábola do pobre Lázaro (Lc 16,19-31), evidenciam-se esses aspectos negativos das riquezas. Elas isolam, ensurdecem, impedindo escutar o grito angustiado do pobre, e cegam até o ponto de tornar invisível a existência dos outros, convertendo-se em um atentado contra o projeto de Deus (Mt 23,8; 25,41-46).

- **As riquezas associam-se com a injustiça.**

A qualificação de *injustas*, dada por Jesus às riquezas (Lc 6,9), mesmo que não se deva entender como algo absoluto e indiscriminado (cf. Mt 25,14-30), aponta, sem dúvida, para um risco que permanentemente as ameaça. As riquezas podem ser injustas em um duplo sentido: quando conseguidas por procedimentos injustos ou quando conservadas injustamente, ignorando as necessidades dos pobres.

- **As riquezas sufocam a semente da Palavra.**

Essa advertência da parábola do semeador (Mt 13,22) adquire seu cenário e sua verificação no encontro de Jesus com o homem rico do texto que estamos comentando (Mc 10,17-22).

- **As riquezas, um "senhor" alternativo ao Senhor.**

São Paulo compreendeu isso perfeitamente, por isso convidara os colossenses: "mortificai, pois, os vossos membros [...] a cobiça, que é uma idolatria" (Cl 3,5). Jesus considera incompatível: "não podeis servir a Deus e à riqueza" (Mt 6,24), entendendo por dinheiro não a materialidade do termo, mas seu mundo, que significa poder, autossuficiência, marginalização do pobre. Daí a dificuldade dos que põem a confiança no dinheiro em salvar-se.

Para Deus tudo é possível (Mc 10,27)

Afirmar isso não é eliminar a importância do texto, mas alertar para que se abandonem especulações e ansiedades, entregando-se generosamente ao seguimento de Jesus, porque o perigo do rico é o perigo de todos – tornar absoluto o que é transitório – e a porta do Reino se abre para todos, também para os ricos (cf. Lc 19,1-10).

Deus tudo pode, porque pode mudar o coração do homem, sempre que este queira renovar seu coração. Tudo é graça. "Porque é Deus quem, segundo o seu beneplácito, realiza em vós o querer e o executar" (Fl 2,13).

Em definitivo, essas palavras de Jesus são apenas o inverso da primeira das bem-aventuranças: "Bem-aventurados vós que sois pobres, porque vosso é o Reino de Deus!" (Lc 6,20).

> "Se tua mão for para ti ocasião de queda, corta-a. Se teu pé for para ti ocasião de queda, corta-o. Se teu olho for para ti ocasião de queda, arranca-o"
> (Mc 9,43-48)

Tais palavras na boca daquele que fez "andar os coxos e os cegos verem" (Mt 15,31), e em um sábado, na Sinagoga de Cafarnaum, devolveu os movimentos da mão atrofiada de um homem (Mc 3,1ss) não soam paradoxais? Além disso, essas frases não encerram uma violência desumana?

O texto

Essas sugestões contidas no referido texto são transmitidas, com pequenas variantes, no Evangelho de Mateus (18,6-9) e no de Marcos (9,43-48); o Evangelho de Lucas, ao tratar do tema do escândalo, que é o contexto dessas expressões, as omite (17,1-2).

O contexto

Marcos situa esse texto em Cafarnaum, em casa (9,33), e é dirigido aos Doze (9,35). Em Mateus, também parece ser este o contexto das expressões: Cafarnaum e a casa (17,24-25) sem dúvida, e os destinatários são "os discípulos" (18,1), sem detalhes ulteriores. E nos dois casos, como já indiquei, essas palavras estão inseridas em admoestações contra o escândalo referente às crianças.

O sentido

Com essas palavras tão radicais, não há nenhuma pretensão de incentivar a mutilação física. A intenção é propor uma hierarquia para a vida segundo as prioridades da fé, que não é compatível com tais atitudes. Trata-se de uma reformulação mais contundente e urgente do que aquelas outras palavras de Jesus: "Buscai em primeiro lugar o Reino de Deus e a sua justiça [...]" (Mt 6,33) e "Que servirá a um homem ganhar o mundo inteiro, se vem a prejudicar a sua vida?" (Mt 16,26).

É importante advertir que a tônica e a intenção dessas expressões não se fixam em um convite à mutilação física, mas em um chamado a entrar no Reino. O Reino não só é urgente e prioritário, mas é a prioridade absoluta.

Jesus convida ao esforço (cf. Lc 13,24), mas não ao esforço pelo esforço, ou ao esforço estoico, mas ao esforço para entrar no Reino.

Hoje

A nós, que gostamos de estender a mão para apanhar todos os frutos, de percorrer todos os caminhos e de contemplar tudo, Jesus nos alerta que há frutos proibidos, porque não são bons e não saciam a fome do homem; que há caminhos que não conduzem a lugar nenhum, porque não levam a Deus; que há olhares e olhos pecadores, porque deturpam o que contemplam ou são contaminados pelas coisas que veem.

Também nos alerta que há atitudes e comportamentos incompatíveis com o Evangelho, com a vontade de Deus; que não se pode servir a dois senhores ao mesmo tempo (cf. Mt 6,24), viver acendendo uma vela a Deus e outra ao diabo, e que, se surge o conflito, e surgirá, há que se optar pela causa do Reino, ainda que essa decisão chegue a ser sangrenta (Hb 12,4).

É curioso e triste pensar que, ao rejeitarmos o martírio pela fé, convertemo-nos em vítimas do consumo, do ter ou da ambição. Retiramos nosso sacrifício do altar de Deus para sacrificar nossas vidas aos ídolos do materialismo. Damos nosso sangue pelas coisas caducas, enfraquecemo-nos, enquanto recusamos qualquer renúncia quando se trata da fidelidade ao Evangelho.

Hoje, quando faltam valores para fazer apelo ao sacrifício, porque no fundo falta a convicção de que valha a pena sacrificar-se por algo, quando a oferta prazerosa e a baixo custo parece impor-se, Jesus retruca com essas palavras "escandalosas" e esclarecedoras.

Sim! O caminho cristão é árduo, tanto que muitas vezes deixa de ser caminho para converter-se em áspera e vertiginosa senda, aberta passo a passo com suor, esforço e até mesmo com sangue.

Jesus não veio sinalizar caminhos já existentes, mas perfilar um caminho novo, que não hesitou em qualificar de estreito (Mt 7,14) e exige, para ser trilhado, grande dose de bom senso (Lc 14,28-29) e audácia (Lc 14,25-27). São suas ainda estas palavras: "O Reino dos Céus é arrebatado à força e são os violentos" – os que se fazem violência – "que o conquistam" (Mt 11,12).

Sua proposta vale a pena; é um produto de qualidade e exige comportamentos de qualidade. As alturas às quais Jesus convida não são as banalizadas e colonizadas pelo turismo cômodo; são aquelas ainda virgens, que estimulam ao alpinismo mais puro e radical. Ele nos convida para esses cumes, ainda que possamos recusar a oferta.

"Quem é minha mãe?"
(Mc 3,33)

As narrativas evangélicas não parecem muito interessadas em oferecer informações sobre a família de Jesus nem sobre as relações de Jesus com sua família. Conhecemos os nomes de seus pais (Lc 4,22; Mc 6,3), de alguns familiares diretos, *irmãos*; sabemos da preocupação deles diante da reação contrária causada na opinião pública e encabeçada por grupos religiosos em torno da atividade e da pessoa de Jesus (Mc 2,16.18; 3,6) a ponto de quererem retê-lo, "pois diziam: Ele está fora de si" (Mc 3,21); também os relatos nos falam de suas expectativas (Jo 7,3-4) e de sua incredulidade (Jo 7,5).

Os Atos dos Apóstolos, por sua vez, atestam que, entre os discípulos, depois da Páscoa, havia *os irmãos do Senhor* (1,14). Paulo falará de Tiago, o *irmão do Senhor* (Gl 1,19). Nada mais. A impressão geral que se extrai dos testemunhos bíblicos é de certo distanciamento. Foi assim realmente? Em todo caso, qual foi a relação de Jesus com respeito a sua mãe?

Jesus, homem do Reino

Os Evangelhos encarregam-se de mostrar, desde o princípio, que a existência de Jesus foi liberada para "as coisas do Pai" (Lc 2,49), para o Reino de Deus.

Se bem ponderarmos, quando Jesus inicia a chamada "vida pública", não faz senão concretizar essa missão. E isso supõe uma profunda mudança em sua vida também na relação com seus familiares. Em suas propostas concernentes aos que deveriam segui-lo e ao trabalho para o Reino, as relações com seus familiares serão afetadas e redimensionadas (Mc 10,37). Jesus urgiu esse afastamento, mas foi o primeiro a pôr em prática o que pregava.

Ele realizou uma emancipação madura a respeito de sua família, sem romper traumaticamente com ela, pois voltava para seu povo (Lc 4,16; Mc 6,1; Mt 13,53), participava das festas de família (Jo 2,1-2) etc. Entretanto, algo importante havia mudado: estava surgindo uma nova família, da qual era Ele a cabeça, uma família assentada não em critérios ou laços de sangue (Jo 1,3), mas na realização da "vontade de Deus" (Mc 3,35), na escuta e no cumprimento da "Palavra de Deus" (Lc 8,21).

E sua mãe?

Em nenhum momento Maria pretendeu polarizar a vida de seu Filho. Desde o início de seu ministério, ela aparece como pessoa próxima do caminho de Jesus, com presença discreta, que se projeta em dois momentos: em Caná, quando ainda não havia chegado "a hora" (Jo 2,4), e no Calvário, quando se cumpriu "a hora" (Jo 17,1; 19,25-30).

No Evangelho, há três ocasiões em que Jesus fala com sua mãe, e outra na qual matiza uma afirmação sobre ela. Vejamos brevemente.

"Por que me procuráveis [...]?" (Lc 2,49)

Após uma afanosa e angustiada busca, Maria e José encontram Jesus no Templo de Jerusalém. Do coração de Maria brota um "por que" (Lc 2,48), continuação do "Como se fará isso?" dirigido ao Anjo na Anunciação (Lc 1,34). Eis que Maria, introduzida no Mistério de Deus, teve de adentrar nele, na mais radical entrega pela fé. O *por que* a seu filho não é uma reprimenda mas um pedido de esclarecimento.

"[...] Não sabíeis que devo ocupar-me das coisas de meu Pai?" (Lc 2,49).

A resposta de Jesus lhes desvenda qual é sua prioridade, à qual tudo deve se subordinar. Maria e José não são recriminados, mas convidados a assumir esse critério, única via que lhes possibilitará, a partir daquele momento, entender os movimentos e sentimentos do filho. Ainda não havia chegado o momento da emancipação (cf. Lc 2,51), porém havia começado o esclarecimento.

"Mulher [...] minha hora ainda não chegou" (Jo 2,4)

A encantadora cena de Caná não está isenta de momentos de particular dificuldade: um deles é a resposta de Jesus a sua Mãe. Trata-se de distanciamento, de inibição, de repreensão?

As diversas traduções pretenderam matizar o tom: "Que tenho eu contigo, mulher?" (Bíblia de Jerusalém); "Mulher, deixa de intervir na minha vida" (NT –Difusora Bíblica); "Mulher, para que me dizes isso?" (Bíblia Sagrada – CNBB); "Que queres de mim, mulher?" (Tradução Ecumênica da Bíblia e Bíblia do Peregrino); "Mulher, isso nos compete? (Bíblia Ave-Maria).

Em todo caso, a cena mostra, de um lado, a confiança e o respeito de Maria pelo filho e, de outro, a consciência de Jesus a respeito dos ritmos de sua atividade, de sua "hora". O fato de acatar a sugestão da mãe é o melhor indicador do clima no qual se desenrolou o encontro. A "hora" de Jesus é marcada pelo Pai, porém ela se desencadeou pela sugestão de sua mãe. Jesus satisfaz sua mãe e interpreta a vontade do Pai.

"Mulher, eis aí teu filho" (Jo 19,26)

Trata-se da quinta palavra de Jesus na cruz. Chegando ao cumprimento de sua "hora", lá estava sua mãe, a mulher. Em Caná e no Calvário, Maria não é designada pelo nome próprio, mas como *Mãe de Jesus* e *mulher*, aspectos de grande relevância no Evangelho de São João.

"Estando eles ali, [em Belém] completaram-se os dias dela. E deu à luz seu filho primogênito" (Lc 2,6-7), assim descreve São Lucas o nascimento de Jesus, a primeira maternidade de Maria.

São João, por sua vez, conta assim a nova maternidade: "Junto à cruz de Jesus estavam de pé sua mãe, [...]. Quando Jesus viu sua mãe e perto dela o discípulo que amava, disse à sua mãe: 'Mulher, eis aí teu filho' [...]" (Jo 19,25-27). A cruz é um berço, porém mais sangrento! Em Belém, Deus nasceu para nós; na Cruz, nós nascemos para Deus. Nos dois momentos, a mãe era Maria.

É como uma segunda "Anunciação"; agora, porém, não era um anjo, mas o próprio Filho a comunicar a nova concepção, a nova maternidade. E ela aceita; pronuncia o "faça-se em mim" (Lc 1,38). Maria, nova Eva, mãe dos crentes. Na cruz está morrendo seu filho e em seu coração estão nascendo os novos filhos, que somos nós!

No entanto, além desse profundo sentido teológico, as palavras de Jesus contêm uma profunda preocupação por sua mãe, que o leva a prover o futuro dela, após sua morte. Não há dúvida. Seu último olhar estava reservado para ela, e ela também foi sua última preocupação. Até o fim, Jesus foi o "filho de Maria".

"Quem crer e for batizado será salvo, mas quem não crer será condenado" (Mc 16,16)

Por um lado, não há dúvida de que nos encontramos diante de uma formulação radical e estranha para os tempos em que a liberdade religiosa não só é reconhecida como direito fundamental da pessoa, como também promovida e valorizada como sinal de maturidade da sociedade. Assim se pronunciou o Concílio Vaticano II na declaração *Dignitatis Humanae* (DH) sobre a liberdade religiosa.

Por outro lado, quando tanto se fala e se escreve sobre a "bondade" de todas as religiões como caminhos de salvação, essa frase não parece criar um obstáculo para o ecumenismo, uma contestação da bondade das religiões, uma pretensão hegemônica excludente? Para salvar-se, é necessário crer na Boa-Nova de Jesus Cristo e batizar-se? E os que sem culpa desconhecem o Evangelho e, por conseguinte, não se batizam? E os que, tendo ouvido o Evangelho de boa-fé, não o reconhecem nem o aceitam? O que é crer? O que supõe ser batizado? Sem dúvida, são muitas perguntas, e de níveis distintos.

A frase evangélica

Convém fazer várias observações a respeito dessa "palavra escandalizadora".

Só é transmitida no Evangelho de São Marcos (cf. Mt 28,18-20).

É possível tratar-se de uma expressão redacional (do evangelista) como explicação da teologia e da práxis missionária da Igreja dos tempos apostólicos.

É pronunciada no conjunto das palavras do Ressuscitado aos onze apóstolos, ao enviá-los para o mundo, e não deve ser lida fora do contexto no qual a decisão de crer e de ser batizado é necessariamente precedida pelo anúncio explícito do Evangelho.

O texto não diz que "quem não crer e não for batizado será condenado", mas *quem não crer será condenado*. É impossível afirmar o batismo sem a fé, sem crer. Mas é possível ter fé, crer e, por conseguinte, salvar-se sem ser batizado? Os capítulos de Mt 25,31-45 e Lc 10,29-37 podem ajudar a encontrar essa resposta.

Já indicamos anteriormente que a frase não pode ser tirada de seu contexto para ser aplicada a situações e debates não previstos, mas sua intencionalidade própria há de ser perscrutada. Esse "dito" enquadra-se nos moldes típicos da ação evangelizadora da Igreja Apostólica, que vinculava, indissoluvelmente, a salvação à fé em Cristo, morto e ressuscitado como enviado de Deus – e *extra Christum nulla salus* = "fora de Cristo não há salvação" (At 4,12). Essa fé tornava-se visível no Batismo (At 2,37-41; 8,26-38; 10,47-48).

A Igreja de hoje não deve mostrar nenhuma ambiguidade nem vacilar a respeito disso. Jesus não é "um" salvador, mas "o" Salvador. Entretanto, não deve se impor com rigidez excessiva e impaciente essa doutrina (cf. Lc 3,8; Mt 13,25ss). O Evangelho exige responsabilidade, obriga em consciência, porém não coage a consciência (cf. DH, 11). E há algo muito importante que não se deve esquecer: a oferta salvadora de Deus pode chegar a alguns grupos ou pessoas por outros caminhos e de outras "formas" que só Deus conhece (cf. Rm 11,33-35. *Lumen Gentium* (LG) 16; *Ad Gentes* (AG) 7).

As perguntas

No início formulei algumas perguntas, cuja resposta não quero preterir, pois pode aportar luz à questão em pauta. Essas palavras supõem uma impugnação do princípio da "bondade" de todas as religiões como possíveis caminhos de salvação? Não, embora haja critérios para avaliar essa "bondade". É evidente que, à parte a subjetividade do crente, nem todas as religiões têm o mesmo nível de "bondade".

> "Todos os homens têm obrigação moral de buscar a verdade [...], de aderir à verdade conhecida, e de ordenar toda a sua vida segundo as exigências da verdade" (DH 2).

> "As diferentes tradições religiosas contêm e oferecem elementos de religiosidade que procedem de Deus e formam parte de tudo o que 'o Espírito opera nos homens e na história dos povos, assim como nas culturas e religiões'. A elas, entretanto, não se há de atribuir uma origem divina nem uma eficácia salvífica que é própria dos sacramentos cristãos. É necessário, pois, manter unidas estas duas verdades, ou seja, a possibilidade real de salvação em Cristo para todos os homens e a necessidade da Igreja no que tange a esta mesma salvação" (*Dominus Jesus*, Declaração da Congregação para a Doutrina da Fé, 2000).

É necessário, para salvar-me, crer no Evangelho e ser batizado? Esta é a proposta cristã de plenitude. E os que desconhecem, inocentemente, o Evangelho e, consequentemente, não são batizados? "Quem, ignorando inocentemente o Evangelho de Cristo e sua Igreja, busca, não obstante, a Deus com coração sincero e se esforça, sob o influxo da graça, em cumprir com obras sua vontade, conhecida mediante o juízo da consciência, pode conseguir a salvação eterna" (LG, 16; cf. Rm 2,12-14).

E aqueles que, tendo ouvido o Evangelho de boa-fé, não o reconhecem nem aceitam? O Evangelho não se impõe contra a consciência, que tem, sim, obrigação de formar-se retamente e de orientar-se para a verdade.

O que é crer? Sem dúvida, a intenção da frase em questão refere-se à aceitação cordial e existencial de Deus revelado em Jesus Cristo por Ele. Entretanto, com essa "fé cristã" pode-se colocar a "boa-fé" de que fala o Concílio (LG 16), que Jesus elogiou no Evangelho, referindo-se ao centurião (Mt 8,10) e à mulher cananeia (Mt 15,28).

O que supõe ser batizado? Muito mais do que "uma passada pela água", que consiste em "purificar as impurezas do corpo" (1Pd 3,21). O Batismo é o sinal da pertença visível à Igreja de Cristo e a expressão de uma configuração existencial com Cristo (Rm 6,3-4); Gl 3,17;Cl 2,12) mediante o Espírito (1Cor 12,13). Daí, afirma o Concílio, que "Não se salva, embora incorporado à Igreja, quem não persevera na caridade e permanece na Igreja pelo "corpo", não pelo "coração" (LG 14).

Conclusão

O texto estudado afirma expressamente que uma recusa culpável do Evangelho afasta da Salvação; que a acolhida responsável do Evangelho abre a porta da Salvação e que o Batismo, como visibilidade dessa acolhida, é o sinal que a manifesta.

Fica claro, pois, que a frase de Mc 1,16 não é excludente, mas esclarecedora no que diz respeito aos desígnios de Deus, que quis salvar a humanidade em Cristo. É, portanto, um chamado à responsabilidade missionária da Igreja (cf. Ez 3,16-21; 33,1-9) e ao dever de todo ser humano de buscar a Verdade (Jo 8,32; 14,6). O Batismo não é salvo-conduto automático, mas a expressão de uma adesão vital e permanente a Cristo.

"Dai a César o que é de César, e a Deus o que é de Deus"
(Mc 12,17)

A resposta de Jesus aos mal-intencionados que lhe perguntavam se era lícito pagar ou não o tributo a César converteu-se em uma das frases mais utilizadas, embora nem sempre bem compreendida. De fato, poucas frases são citadas com mais frequência e imprecisão. Essa cena é transmitida pelos três Evangelhos sinóticos.

O sentido da pergunta

No tempo de Jesus, a Palestina era uma terra conquistada e administrada por Roma. No ano 63 a.C., por solicitação de um emissário judeu, para pôr fim aos problemas surgidos com a sucessão dinástica dos amorreus, o general Pompeu invadiu a Palestina e a incorporou ao Império.

De início, Roma delegou o governo a Herodes, o Grande, com o título de rei. Com sua morte, o poder dividiu-se entre seus filhos – Arquelau, Herodes Antipas e Felipe – e acabou sendo detido diretamente por um procurador romano.

Entretanto, Roma teve certa consideração com a Judeia: permitiu seu culto no templo, eximiu a prestação de serviço militar e culto ao imperador, tolerou suas estruturas internas (sumo sacerdote e Sinédrio), embora controlados, exigindo, sem restrição, o pagamento de um imposto como contribuição ao erário do Império e sinal de vassalagem. Esse imposto, acolhido pelos saduceus, era malvisto pelos fariseus e rechaçado frontalmente pelos grupos mais radicais.

No entanto, o pagamento dos impostos religiosos e políticos não era fato irrelevante do ponto de vista econômico. Calcula-se que na Galileia 30 a 40% da receita eram para pagar impostos, e na Judeia essa quantia chegava a 60 e 70%.

Jesus foi solicitado a dar uma declaração política, com a intenção de envolvê-lo politicamente. A pergunta continha um material explosivo: se respondesse afirmativamente (deve-se pagar o imposto), seria enquadrado como traidor; se respondesse pela negativa (não se deve pagar o tributo), seria acusado perante Roma. De fato, contra ele, mais tarde, iriam formular essa acusação: "Temos encontrado este homem excitando o povo à revolta, proibindo pagar o imposto ao imperador" (Lc 23,2).

O sentido da resposta

Jesus começa desmascarando a cilada que quiseram lhe armar, pondo na berlinda seus questionadores. Um detalhe que chama a nossa atenção é que sua resposta não foi evasiva nem "diplomática", fugindo da pergunta. Na resposta, são delimitadas e esclarecidas as respectivas competências.

A verdade é que não dispomos de muita informação sobre a "identidade" política de Jesus; porém, sabemos que se mostrou abertamente crítico diante de Herodes (Lc 13,32), livre diante de

Pilatos (Jo 18,29; 19,11) e contrário a toda forma de governo absolutista (Lc 22,25ss). Isso é significativo. Também sabemos que se mostrou crítico com relação aos impostos, tanto os religiosos (Mt 17,24) quanto os de caráter político, ainda que não os tenha impugnado abertamente.

A resposta de Jesus desconcertou os ouvintes: *admiram-se,* talvez porque não o entenderam, pois aquela resposta ia contra os judeus, que acomodavam a política à religião, fazendo de Deus um césar; e contra os romanos, que regulavam a religião pela política, fazendo de César um deus.

A frase "Dai a César o que é de César" denuncia a pretensão clerical de manipular tudo, também o poder, por meio da religião. E a frase "[...] a Deus o que é de Deus" desfere um golpe mortal no cesarismo, na pretensão de absolutismo do poder político.

Na resposta de Jesus há, pois, muito mais do que os judeus entenderam e do que, ao longo dos séculos, entenderam muitos cristãos, em cuja história Deus e César misturaram-se tanto e de tal forma que em certos períodos tornou-se difícil distinguir quem era um e quem era outro.

Jesus distingue os campos. Não estabelece uma separação excludente, mas introduz uma posição clara. Religião e política são realmente distintas, porém não distantes, porque ambas afetam o ser humano, e o homem deve saber agir nesses campos.

A frase "Dai a Deus o que é de Deus e a César o que é de César" não supõe equiparar Deus a César como duas realidades simétricas; melhor dizendo, quer fazer um convite a reconhecer a prioridade de Deus na vida. E a reconhecer também que Deus estabeleceu campos específicos na vida, entre eles a esfera política, para que o homem exerça sua liberdade e sua autonomia com ponderação, responsabilidade e coerência.

A tentação pode ser dupla: colocar Deus nas pretensões eleitorais ou nas paixões políticas, misturando o religioso em siglas partidárias, ou então recusar em nome de Deus o compromisso político social, alienando-se e refugiando-se em um "neutralismo" irresponsável.

A resposta de Jesus foi utilizada de várias maneiras. Dela se concluiu tanto a recusa de separação absoluta entre a fé e a política quanto a condenação da mistura, da confusão indiscriminada destas. Se é verdade que "não há autoridade que não venha de Deus" (Rm 13,1), isso não supõe a sacralização da autoridade, mas um princípio crítico: a lembrança de que Deus é o único Absoluto (Jo 19,11).

Sim. Jesus tinha razão: "A César o que é de César; a Deus o que é de Deus".

"Abbá! Ó Pai! Tudo te é possível; afasta de mim este cálice!" (Mc 14,36)

Seria uma evasão manifesta, ao falarmos de palavras "escandalosas" de Jesus, omitir essas palavras, proferidas em sua oração no Getsêmani, já que elas incluem um "escândalo" manifesto. "A agonia no horto – escreve F. Prat – é, talvez, o Mistério da Vida de Jesus que mais perturba e desorienta".

Nessas palavras aparece um Jesus vulnerável, a ponto de desintegrar-se, de se romper, transpassado pela mais radical das angústias, em aparente divergência com o desígnio do Pai. Não em vão o Evangelho de João eliminou essas palavras, ainda que se percebam seus ecos no capítulo 12,27. Os três sinóticos, sem restrição, as conservam com ligeiras modificações, o que as reveste de grande credibilidade histórica. Essas expressões, no entanto lado, não são inventadas para mitificar um líder.

Muitas são as interrogações suscitadas: vontades contrapostas? Submissão resignada ou aceitação amorosa? Desespero ou rebeldia? Quer o Pai o sacrifício do Filho? Jesus não aparece, aqui, contradizendo-se? Não havia dito: "Não temais aqueles que matam o corpo, mas não podem matar a alma" (Mt 10,28)? Não havia ele perguntado aos irmãos, filhos de Zebedeu, se estavam dispostos a beber o cálice que iria beber? (Mc 10,38). E então?

Antes de tudo, essas palavras não podem ser tiradas de seu contexto: são uma oração de confiança, confidencial, íntima com o *Abbá*-Deus (Jesus, para rezar, se afasta dos seus discípulos fisicamente, "à distância de um tiro de pedra", diz Lucas com precisão [22,41]). Essas palavras tornam-se a porta de acesso ao Mistério de Jesus como Filho de Deus e verdadeiramente homem. São, além disso, palavras de esperança e alento ao nos mostrar Jesus, "que passou pelas mesmas provações que nós" (Hb 4,15), também no sofrimento (Hb 2,18), e um dos maiores sofrimentos: o medo e a angústia, que assim o tornaram o guia e "o autor da salvação" (Hb 2,10).

Radiografia de um mistério

Diante da morte iminente, Jesus reagiu com toda a emotividade própria de um ser humano. É o que afirmam não só os Evangelhos, mas também a Carta aos Hebreus: "Nos dias de sua vida mortal, dirigiu preces e súplicas, entre clamores e lágrimas, àquele que o podia salvar da morte [...]" (Hb 5,7).

A cena do horto do Getsêmani nos introduz no Mistério de Jesus, filho único do *Abbá*-Deus e homem "assemelhando-se aos homens" (Fl 2,7), um realidade única sem analogias nem antes nem depois.

Jesus freme intensamente – *começou a sentir pavor e angústia* – diante da "hora", porém não foge, pois Ele veio para isso (Jo 12,27); "expõe" ao Pai seus sentimentos; porém, não lhe "impõe" sua vontade. Jesus sente medo, porque o medo é humano, porém não se acovarda, mas prossegue, assumindo as consequências de sua opção pelo Reino de Deus, já que esta é a vontade do Pai. E isso deve aparecer bem claro para todos (cf. Jo 14,31).

A vontade do Pai não é que o Filho morra, e menos ainda que morra assim, mas quer a restauração do Reino pelo Filho, ainda que para isso tenha de morrer assim. A morte entra na lógica da condição humana de Jesus; porém, sua modalidade violenta foi decidida pelos homens. E, diante dela, o Pai não desistiu, nem poupou seu Filho, mas lhe deu forças para aceitá-la plenamente. Dessa forma, a Paixão do Filho foi também a Paixão do Pai, Paixão de fidelidade e amor (cf. Jo 3,16).

A oração exemplar

A oração do Getsêmani mostra que Jesus não foi um temerário diante da morte, e sim que a morte – aquela morte – infundiu-lhe temor; porém, não foi o temor que o abateu; foi Ele que se impôs ao temor.

Vale notar como Ele entra "angustiado" na oração (Mc 14,34) e sai "fortalecido" (Mc 14,42). Que experiências teve Jesus? Nunca saberemos. São Lucas diz que "apareceu então um anjo do céu para confortá-lo" (Lc 22,43). Foi um modo de aludir à resposta amorosa do Pai e de afirmar que a oração fora ouvida.

Bem considerada, essa oração apresenta-se a nós como uma boa síntese do Pai-Nosso. Ambas começam invocando Deus como *Abbá*-Pai e têm como eixo central o cumprimento de sua vontade. Não tornam a pessoa imune aos perigos, mas a fortalecem para a luta e revelam a mais íntima verdade do Deus Pai e de seu Filho Jesus Cristo.

É o próprio Deus quem emerge e se manifesta nessa oração, não como tantas vezes e tão equivocadamente se acreditou – com base uma leitura pouco matizada de alguns textos bíblicos, como Rm 8,32 –, que mostra um Deus ofendido, irado, que só é aplacado pelo sacrifício de uma vítima "suprema", mas um Pai que fortalece, acompanha e assume o cálice do Filho, mostrando a relação madura existente entre eles.

Nessa oração constatamos que foi cumprido o objetivo da intenção original de Deus, que de "tal modo amou o mundo, que lhe deu seu Filho único" (Jo 3,16). Poderíamos prolongar essa expressão com esta variante: "tanto amou Deus o mundo que a ele se entregou em seu Filho", pois a obra de Jesus foi iniciativa do Pai e nunca lhe foi alheia.

Jesus foi ouvido? Sim. Continua o texto da Carta aos Hebreus, citada anteriormente: "Foi atendido pela sua piedade [...]. E, uma vez chegado ao seu termo, tornou-se autor da salvação eterna para todos os que lhe obedecem" (Hb 5,7b-9). A Ressurreição é a prova disso. O Pai não o livrou da morte, porém transformou sua morte em vitória sobre todas as mortes (1Cor 15,55).

Deus sempre escuta e responde a quem o invoca. Entretanto, como no caso de Jesus, parece fazê-lo "no terceiro dia", quer dizer, segundo seu calendário. Assim, nos desconcerta, porque bem gostaríamos que a resposta fosse imediata, de acordo com nossas curtas perspectivas.

Já no princípio, o cristianismo foi impaciente. Paulo de Tarso instava junto de Deus para livrá-lo de um "anjo de Satanás" (2Cor 12,7-8), que o humilhava dolorosamente. "Basta-te minha graça, porque é na fraqueza que se revela totalmente a minha força" (2Cor 12,9b). Não era a resposta que Paulo esperava. Era a que ele precisava e que o ajudou a amadurecer como discípulo de Jesus. Por isso, concluiu ele: "prefiro gloriar-me das minhas fraquezas para que habite em mim a força de Cristo" (2Cor 12,9b).

Diante dessas palavras e atitudes do Filho de Deus, devemos todos nós "filhos" aprender a nunca esquivar-nos nem ocultar do *Abbá*-Deus nossos medos e angústias, como também não tentar – pretensão, aliás, inútil – manipular ou distorcer sua vontade, e sim assumi-la, sabendo que ela é sempre salvadora (cf. Rm 8,28).

"Melhor lhe seria que nunca tivesse nascido" (Mc 14,21)

Essas palavras, que se referem "àquele homem por quem o Filho do Homem for traído" (Mc 14,21), Judas Iscariotes, um dos Doze, são dramáticas e difíceis de entender nos lábios de quem, da cruz, desculpará aqueles que planejaram e executaram a sua morte dizendo "[...] não sabem o que fazem" (Lc 23,34).

Não estaria Judas entre os "equivocados" por quem Jesus intercedeu junto do Pai? Sabemos que Judas reconheceu expressamente seu "equívoco" (Mt 27,14). Mas será que esse reconhecimento significou arrependimento? Não é fácil responder, pois os testemunhos sobre Judas, serenamente considerados, não são tão uniformes como uma leitura preconcebida e unidirecional poderia sugerir à primeira vista.

Essas palavras do Senhor podem nos aproximar da figura de Judas Iscariotes, personagem relevante na história de Jesus, história que afeta a todos nós.

O texto

Essa passagem aparece praticamente idêntica em Mateus (26,2-25) e em Marcos (14,17-20). Lucas e João, que narram essa cena, a omitem.

Será que Jesus estaria afirmando a condenação eterna de Judas ou manifestando pena pelo desgraçado equívoco do discípulo? Nunca poderemos saber a resposta. A verdade é que alguns testemunhos parecem apoiar a primeira possibilidade. "Conservei o que me deste, e nenhum deles se perdeu, exceto o filho da perdição" (Jo 17,12); "Ó Senhor, que conheces os corações de todos, mostra-nos qual destes dois escolheste para tomar neste ministério e apostolado o lugar de Judas que se transviou, para ir para o seu próprio lugar" (At 1,25).

Embora "a condenação eterna continue sendo uma possibilidade real, não nos é dado conhecer, sem uma especial revelação divina, se os seres humanos efetivamente estariam incluídos nela" (João Paulo II). Tampouco Judas.

O texto, porém, deixa claro que não foi Judas a determinar o destino de Jesus; isso se insere no Mistério de Deus: "O Filho do homem vai, segundo o que dele está escrito" (Mc 14,21). Judas, misteriosamente, segundo sua responsabilidade, é um instrumento da realização dos desígnios divinos.

Um pouco de história

Oriundo, provavelmente, de Keriot (povo da Judeia, citado em Js 15,24), Judas é introduzido no grupo dos Apóstolos por iniciativa de Jesus, com um gesto de verdadeira predileção e amizade: "Depois, subiu ao monte, e chamou os que ele quis [...] Designou doze dentre eles para ficar em sua companhia. Ele os enviaria a pregar [...]" (Mc 3,13-19), e abandona o Evangelho despedindo-se de Jesus com um falso gesto de amizade, com um beijo (Mc 14,45).

Judas é mencionado expressamente no Novo Testamento em 23 ocasiões: 21 nos Evangelhos e duas nos Atos dos Apóstolos. É notada a pertença ao grupo dos Doze (Mt 10,24; 26,47; Mc 3,16-19; 14,10-20; Lc 6,13-16; 22,3; Jo 6,7). No discurso da eleição de Matias,

Pedro dirá que Judas "era um dos nossos e teve parte no nosso ministério" (At 1,17), até "que se transviou" (At 1,25). Sim, Judas foi um dos eleitos por Jesus e pertenceu ao seu projeto original.

Os Evangelhos, escritos depois da morte e ressurreição do Senhor, apresentam-nos a figura de Judas revista a partir de seu desfecho. Nas listas, aparece sempre em último lugar, assim qualificado: *o que o entregou* (Mt 10,4; Mc 3,19), "[...]aquele que foi o traidor" (Lc 6,16). No quarto Evangelho, é qualificado de *demônio* (Jo 6,70), "[...] porque era quem o havia de entregar" (Jo 6,71). Entretanto, isso tudo não devia ter sido tão claro desde o início (cf. Jo 13,29).

Permanece aberta a pergunta: por que Jesus teria escolhido Judas? Para que o traísse? Não! O que ocorreu, então, para que esse homem, indubitavelmente iludido a respeito de Jesus, terminasse por entregá-lo às autoridades judaicas?

O seguimento de Judas a Jesus transcorreu entre o entusiasmo e a decepção, e esta acabou se impondo. Sua traição é resultado de uma ilusão frustrada.

Como os discípulos de Emaús, Judas esperava "que fosse Ele quem havia de restaurar Israel" (Lc 24,21) e, como o resto dos "Dez", sentiu-se incomodado com as pretensões hegemônicas de João e Tiago (Mc 10,41) e indignou-se perante o "desperdício" da unção em Betânia (Mt 26,6-9; Jo 12,1-9).

Será que Judas amava Jesus? Seguia-o somente por interesse? Nunca o saberemos com certeza. O que certamente sabemos é que Jesus amava Judas e nele confiava; por isso, o escolheu e lhe confiou a administração dos bens, que entre outras incumbências incluía a de praticar a caridade com os mais pobres (cf. Jo 12,6; 13,29).

A traição, portanto, não era apenas o fracasso de Judas; também para Jesus supunha um fracasso. Tanto tempo e tanta intimidade... perdidos! Até o último momento, Jesus tentou recuperá-lo. Por isso, lavou os pés que já haviam iniciado a trajetória da traição (cf. Jo 13).

No Getsêmani, no momento do beijo, nos olhos de Jesus devia aflorar uma infinita tristeza, não tanto por Ele, que já havia assumido a missão de beber o cálice (Mc 14,36), mas pela perda de um amigo.

Assim o encarou Jesus: *Amigo!* (Mt 26,50). Não lhe nega a amizade; relembra-a e a reitera. Era uma nova oportunidade. Ao que parece, Judas, desgraçadamente, não o entendeu. Entendeu, sim, e reconheceu que havia pecado "entregando o sangue de um justo" (Mt 27,4).

O fim de Judas

Quanto à sorte final de Judas, a história também não é muito clara. No Novo Testamento há duas versões: uma fala de suicídio: *enforcou-se* (Mt 27,50); outra, de morte trágica: "este homem adquirira um campo com o salário de seu crime. Depois, tombando para a frente, arrebentou-se pelo meio, e todas as suas entranhas se derramaram" (At 1,18). Suicídio ou desgraça acidental? Também jamais saberemos. Os outros Evangelhos guardam silêncio sobre esse episódio.

E a sorte eterna? Não se trata de "salvar" Judas nem de "reivindicar" sua figura; apenas de aproximar-se dela com o respeito mostrado por Jesus, a pessoa que foi mais afetada por sua decisão. Entretanto, em todo caso, podemos tirar uma lição: nada é irreversível! Sempre e até o final, Deus segue oferecendo-se como Salvador. Afinal, Judas pelo menos tomou consciência e reconheceu que havia pecado "entregando o sangue de um justo" (Mt 27,4).

O Evangelho Segundo São Lucas

3

"Se alguém vem a mim e não odeia seu pai, sua mãe, seus filhos e até a própria vida, não pode ser meu discípulo" (Lc 14,26)

Estamos diante de um dos ditos mais escandalizadores pronunciados por Jesus. Analisado literalmente, faria dele um desagregador de famílias. Essa expressão tem de ser esclarecida, sem modificá-la, para ser compreendida em seu verdadeiro sentido.

Um duplo sentido?

Os Evangelhos põem nos lábios de Jesus sentenças que reiteram e reivindicam a validade do quarto mandamento (Mt 15,1-6) e da união conjugal indissolúvel (Mc 10,1-12). Ele não veio "abolir a lei" (Mt 5,17); por isso, em resposta ao homem que se lhe aproxima perguntando pelo caminho da vida eterna, Jesus relembra, como uma das exigências fundamentais: "honra pai e mãe" (Mc 10,19).

No entanto, é certo que Jesus situa novamente o tema da família, indo além de uma mera compreensão, por assim dizer, "carnal" e de horizontes restritos. Ele começa a situar-se de modo novo diante de sua família (Lc 2,44) e a situar do mesmo modo sua família perante si mesmo (Mt 12,48-50). Ademais, pronuncia uma série de expressões significativas a esse respeito (Mt 8,21; 10,35-37; 19,9; Lc 12,52-53).

Que a família é um valor promovido por Jesus, disso não há dúvida. Então, o que Ele quer dizer com essa expressão? Estamos diante de uma frase ambígua.

O "dito" na tradição sinótica

Chama a atenção que só no Evangelho de São Lucas apareça essa exigência formulada de maneira tão radical: *odiar*. No Evangelho de São Mateus, a formulação aparece mitigada: "Quem ama seu pai ou sua mãe mais que a mim não é digno de mim. Quem ama seu filho mais que a mim não é digno de mim" (Mt 10,37).

Em São Marcos, esse *logion* não existe. A formulação mais aproximada estaria na resposta dada por Jesus a Pedro: Em verdade vos digo, "ninguém há que tenha deixado casa ou irmãos, ou irmãs, ou pai, ou mãe, ou filhos [...] por causa de mim e por causa do Evangelho, que não receba [...] cem vezes mais [...]" (Mc 10,29-30).

Em ambos os casos, permanecendo a ideia da prioridade de seguir a Cristo para o discípulo, a expressão é suavizada. Não obstante, a formulação de Lucas goza, em minha opinião, de todos os elementos para ser considerada autêntica. O evangelista Lucas não se atreveria a colocar nos lábios de Jesus uma expressão tão radical se não a tivesse encontrado nas fontes; entretanto, é mais compreensível a "suavidade" introduzida por São Mateus.

Uma maneira de falar

As maneiras de falar e as formas de expressão mudam conforme o lugar e o tempo. A linguagem do mundo e da época de Jesus (e a linguagem bíblica em geral) caracterizava-se, entre outras coisas, pelo recurso frequente a formulações alternativas, antitéticas e paradoxais, opondo, por exemplo, duas realidades como irreconciliáveis com a finalidade de sublinhar a importância de uma delas (Lc 9,62: aquele que põe a mão no arado; Mt 12,30: quem não está comigo está contra mim). Particularmente significativa a respeito, pela proximidade do léxico ao texto que nos ocupa, é a afirmação transmitida em Lc 16,13 e Mt 6,24: "Ninguém pode servir a dois senhores, porque ou odiará um e amará o outro, ou dedicar-se-á a um e desprezará o outro".

Quando São Paulo, escrevendo aos cristãos de Roma (Rm 9,13), cita a passagem de Ml 1,2-3: "[...] Contudo, amei a Jacó e aborreci Esaú", ele pretende unicamente ressaltar e afirmar que Deus, em seu livre e inescrutável desígnio, preferiu Jacó. O modo de falar, *aborreci a Esaú,* pretende enfatizar a preferência por Jacó; de modo algum quer afirmar o ódio de Deus em relação a Esaú, porque Deus não odeia nada do que criou (Sb 11,24).

Algo parecido acontece quando se fala da "eleição" de Israel. Com isso, pretende-se privilegiar Israel, mas não condenar os demais povos, porque a eleição de Deus em favor de Israel não supõe a exclusão de nenhum povo (Am 9,7).

O sentido desse "dito"

A expressão está orientada para enfatizar as implicações de seguir Jesus para o discípulo: estar disposto a tudo. Trata-se de uma versão cristológica do primeiro mandamento da lei de Deus: amar a Cristo sobre todas as coisas.

Jesus não veio destruir os valores fundamentais do ser humano, mas fundamentá-los em um amor prévio: porque Ele nos amou primeiro (1Jo 4,19). E, com base nesse amor, o amor aos pais, à esposa, aos filhos, aos irmãos e a si mesmo radicaliza-se, aprofunda-se e purifica-se.

Cristo não veio semear o ódio familiar, mas, precisamente, destruir o ódio, esse muro que divide os homens (Ef 2,14), revelando-se como mestre e instaurador da cultura do amor. Ele não veio polarizar nenhuma dimensão da vida; veio potencializar sua plenitude. E o discípulo deve compreender e assumir esse ideal.

"Eu vos digo: fazei-vos amigos com a riqueza injusta, para que, no dia em que ela vos faltar, eles vos recebam nos tabernáculos eternos" (Lc 16,9)

A expressão, em sua literalidade, só pode suscitar perplexidade e inquietude. As perguntas brotam e se acumulam. Seria possível comprar as moradas [tabernáculos] eternas com riquezas injustas? Será que todas as riquezas são injustas? É ético esse modo de fazer amigos? Enfim, será que o dinheiro abre todas as portas, não só nesta vida, mas também na outra? Vale, então, o provérbio: "Poderoso cavalheiro é o senhor dinheiro"?

A frase e seu contexto

Primeiramente, cumpre destacar que essa expressão singular só aparece no Evangelho de São Lucas, e o termo usado para fazer alusão às riquezas (*mamona*) aparece somente quatro vezes no NT: em Lc 16,9.11 e 13 e em Mt 6,24 (paralelo de

Lc 16,13). Estamos, pois, diante de um texto e de uma linguagem próprios de "Lucas".

Quanto ao contexto imediato, convém indicar que a expressão aparece no capítulo 16, dedicado quase exclusivamente (exceto nos vv. 16-18) a refletir sobre o uso das riquezas: inicia-se com a parábola do administrador infiel (vv. 1-8) e, encerra com a do rico e o pobre Lázaro (vv. 19-31).

A expressão que estamos analisando aparece, de fato, vinculada ao versículo 8, que a precede, no qual Jesus elogia a sagacidade do administrador injusto (não a injustiça do administrador) e se conecta com os versículos 10ss, que lhe dão sequência, com o convite à fidelidade e à responsabilidade na gestão dos dons de Deus.

No entanto, se é certo que não há um paralelismo literal nos outros Evangelhos, é possível encontrar afinidades e sintonias com o sentido da expressão em pauta. Assim, "vender o que possui e dar esmolas" é um modo de fazer amigos com a caridade misericordiosa e compassiva. "Vai, vende tudo o que tens e dá-os aos pobres" (para, assim, conquistar amigos), "[...] e terás um tesouro no céu" (moradas eternas) (Mc 10,21). Além disso, essa expressão é revelada no convite de Jesus a proceder com a prudência e a astúcia da serpente (cf. Mt 10,16).

O sentido

É evidente que Jesus não está oferecendo uma lição de estratégia econômica nem, muito menos, está sugerindo ou estimulando comportamentos escusos e fraudulentos.

Podemos, agora, tomar e retomar as perguntas formuladas no princípio. Nem as moradas eternas têm cotação na bolsa de valores; tampouco é ético comprar favores (amigos) com dinheiro, porque este não é o valor supremo da vida.

A qualificação de "injustas" atribuída às riquezas pode surpreender. Mas será que se refere de modo indiscriminado a toda e qualquer riqueza ou alude a uma classe de riquezas que é injusta pelo modo de obtê-la e conservá-la?

A Bíblia fala das riquezas como dom e bênção de Deus (Jó encarna esse aspecto de maneira singular: 1-2; 29-31; 42,10ss), mas também denuncia a existência das riquezas injustas (Is 5,8-10; Jr 22,13) e a injustiça de certas riquezas (cf. Amós). Os escritos do Novo Testamento também prolongam esse pensamento (cf. 1Tm 6,18-19).

Particularmente interessantes são os destaques dos Santos Padres ao fazer observações sobre essas frases. São Jerônimo comenta assim a expressão de Lc 16,9: "E disse sabiamente: 'com o injusto (dinheiro)', pois todas as riquezas derivam da injustiça e, sem que alguém perca, o outro não pode achar. Por isso, parece-me bem verdadeiro aquele provérbio comum: o rico ou é injusto ou é herdeiro de um injusto" (Carta 120).

Por sua força de expressão, vale a pena escutar o testemunho de São Basílio: "Se chamamos ladrão o que despe quem estava vestido, que outro nome daremos ao que não veste ao desnudo podendo fazê-lo? Do faminto é o pão que tu retens; do despido é o agasalho que guardas no armário; do descalço é o sapato que está apodrecendo em teu poder; do necessitado o dinheiro que guardas enterrado" (*Homilia sobre o Evangelho de Lucas*). Não é de estranhar que Santo Ambrósio reafirme: "Não dás ao pobre uma parte do que é teu, mas lhe devolves algo que é dele" (*De Nabuthe*).

O que Jesus quis dizer com essa expressão? Por um lado, está recomendando e convidando os *filhos da luz* (Lc 16,8) a ser *astutos*, a ser capazes de transformar o potencial negativo em realidade positiva, convertendo os riscos e perigos das riquezas em uma possibilidade salvadora. E, por outro, paradoxalmente, Jesus está descobrindo o "valor" das riquezas como instrumento a serviço do bem.

Hoje

Em um mundo como o nosso, tão dependente do dinheiro e da economia, com suas luzes e sombras, essas palavras de Jesus convidam a valorizar criticamente o sentido e o uso das riquezas. Não valem as depreciações teóricas e globais. É muito mais importante e evangélico situar-se responsavelmente perante elas, "desdolarizando-as" e convertendo-as em instrumento a serviço de todos, especialmente dos mais necessitados, pois "Deus destinou a terra e tudo que ela contém para uso de todos os homens e povos. Consequentemente, os bens criados devem chegar a todos de forma equitativa sob a égide da justiça e da caridade" (GS 69).

Nada está irremediavelmente perdido nem viciado: tudo tem sua oportunidade, assim como as riquezas. O rico não tem de destruir sua riqueza, mas usá-la a serviço do próximo. A riqueza, embora isso seja difícil, pode ser um caminho de salvação: "[...] a Deus tudo é possível!" (Mt 19,26), se for encaminhada para o exercício da verdadeira caridade e misericórdia. "[...] porque a caridade cobre a multidão dos pecados" (1Pd 4,8).

"O que é elevado aos olhos dos homens é abominável aos olhos de Deus" (Lc 16,15)

São tão díspares os critérios de valorização entre Deus e os homens? Tão diferentes seus gostos? Tão inconciliáveis seus pontos de vista?

Um pouco de pré-história

Ao abrir o AT, descobriremos frequentes alusões a uma "disparidade" que resulta não só da diferença ontológica entre Deus e o homem, entre o Criador e a criatura, mas também da desobediência do homem a Deus.

Com relação à primeira, à diferença ontológica, poderíamos citar os seguintes testemunhos: "Pois meus pensamentos não são os vossos, e vosso modo de agir não são os meus, diz o Senhor, mas tanto quanto o céu domina a terra, tanto é superior à vossa a minha conduta e meus pensamentos ultrapassam os vossos" (Is 55,8-9). "O que o homem vê não é o que importa: o homem vê a face, mas o Senhor olha o coração" (1Sm 16,7). "[...] porque sou Deus e não um homem" (Os 11,9).

Esta não é uma "disparidade" culpável; culpável, porém, é a que deriva da desobediência histórica (cf. Ex 32; Jr 2; Am 2,6ss; Os 2,11; Ez 20), que deu lugar a amargas denúncias de Deus, formuladas por meio de seus profetas. "Trazei cada manhã vossos sacrifícios [...]. Porque isto é o que amais [...]; aborreço vossas festas; elas me desgostam, não sinto nenhum gosto em vossos cultos" (Am 4,4-5; 5,21). "[...] porque o Senhor está em litígio com os habitantes da terra. Não há sinceridade, nem bondade, nem conhecimento de Deus na terra" (Os, 4,1).

Israel confundiu-se com Deus, achou-se Deus, ao identificar Deus com seus "ídolos" cultuais, mentais, político-sociais etc. Assim, Israel perdeu suas referências e os critérios de discernimento. "Podeis chamar isso um jejum, um dia agradável ao Senhor?" (Is 58,5); "De que me serve a mim a multidão de vossas vítimas? [...] estou farto de holocaustos [...]; aprendei a fazer o bem. Respeitai o direito [...]" (Is 1,11.17).

Essa desobediência histórica, porém, não é somente uma irregularidade imputável a Israel, mas ao homem na condição de homem, sem ulteriores conotações (cf. Gn 3), a tal ponto que "O Senhor viu que a maldade dos homens era grande na terra, e que todos os pensamentos de seu coração estavam continuamente voltados para o mal. O Senhor arrependeu-se de ter criado o homem na terra, e teve o coração ferido de íntima dor" (Gn 6,5-6).

Desde muito cedo, portanto, surgiu essa "disparidade"; porém, não desde o princípio, *pois no começo não foi assim* (Mt 19,8). No princípio Deus disse: "Façamos o homem à nossa imagem e semelhança. [...] Deus criou o homem à sua imagem" (Gn 1,26-27). E essa decisão ajudou a superar as ulteriores vicissitudes e atuou sempre como a última referência de Deus.

A expressão de Jesus

No contexto em que aparece, a frase que estamos considerando tem como interlocutores e destinatários diretos os fariseus, que "eram ambiciosos e zombavam dele" (Lc 16,14).

Jesus denuncia a hipocrisia deles – "Vós procurais parecer justos aos olhos dos homens" (v 15a) –, pois agiam segundo critérios de aceitação humana, para aparecer; cultivavam a aparência, esquecendo a verdade; olvidavam que o julgamento de Deus não se identifica com a popularidade, mas com a autenticidade.

Entretanto, não são os fariseus os únicos a receber tal repreensão; Pedro também recebe uma correção semelhante. Após o primeiro anúncio da Paixão, Pedro, de maneira insistente, tentou afastar de Jesus esses presságios. Jesus, porém, "voltando-se ele, olhou para seus discípulos e repreendeu Pedro: 'afasta-te de mim, Satanás, porque teus sentimentos não são os de Deus, mas os dos homens'" (Mc 8,32ss). O que acontece é que, realmente, há "um problema de mentalidade" que afetava também os discípulos de Jesus. São Paulo reconhecia isso, escrevendo aos cristãos de Corinto: "Mas o homem natural não aceita as coisas do Espírito de Deus: pois para ele são loucuras [...] O homem espiritual, ao contrário, julga todas as coisas [...]" (1Cor 2,14-15).

Trata-se de um problema que não somente deve ser constatado, mas também solucionado. E o próprio Paulo é quem diz: "Eu vos exorto, pois, irmãos [...] Não vos conformeis com este mundo, mas transformai-vos pela renovação de vosso espírito, para que possais discernir qual é a vontade de Deus, o que é bom, o que lhe agrada e o que é perfeito" (Rm 12,1-2).

Tal conhecimento não se reduz a "ideias" e "saberes" teóricos, mas implica assumir atitudes vitais e concretas. "Dedicai-vos mutuamente a estima que se deve em Cristo

Jesus" (Fl 2,5ss) "para despojar-vos do homem velho, renovar sem cessar o sentimento de vossa alma e revestir-vos do homem novo" (Ef 4,22-23), "até alcançar um conhecimento perfeito" (Cl 3,10).

Pensar como Deus, ter os sentimentos de Jesus Cristo, fazer convergir nossos caminhos e nossos pensamentos com os seus deve ser nosso objetivo. Oxalá possamos dizer como Paulo: "[...] Nós, porém, temos o pensamento de Cristo" (1Cor 2,16)!

"Quando deres uma ceia, convida os pobres. Serás feliz porque eles não têm com que te retribuir" (Lc 14,13-14)

Em uma sociedade que converteu o interesse, os altos interesses, no único critério de investimento; que, antes de emprestar, garante a solvência do credor; em uma sociedade assim, essas palavras de Jesus, mais do que "escandalosas", parecem, à primeira vista, de uma ingenuidade e de uma falta de realismo notáveis. Entretanto, meditadas atentamente, apresentam a síntese mais acertada e objetiva do modo de atuação de Deus conosco: uma atuação e um investimento gratuitos.

São palavras que encerram grande carga explosiva e transformadora, e são cheias de realismo. Lancemos um olhar ao nosso redor. Aonde os desmesurados interesses das grandes potências estão nos conduzindo? Deixando meio mundo falido, afundando a dívida dos países pobres, que veem afastar-se deles toda possibilidade de paz e progresso. Aqui existe também o grave problema da "dívida externa"? Os marginalizados do grande banquete deste mundo consumista encontram nessas palavras de Jesus um princípio de esperança.

O contexto

Jesus havia sido convidado para comer na casa de um dos principais fariseus. E, observando como os convidados escolhiam os primeiros lugares, lhes propôs uma parábola (vv. 7-11); ao terminar, dirigiu-se ao que o havia convidado com as palavras que são objeto de nosso comentário.

Cumpre notar, em primeiro lugar, o fato, muito habitual em Jesus, de que "o cortês não deixa de ser valente". Aceitou o convite do fariseu, porém esse gesto não hipotecou sua liberdade, nem mesmo seu espírito crítico. Ninguém calava Jesus com convites e banquetes. Nessa ocasião, Ele denuncia uma atitude, o desejo de precedência, e propõe outra, a da gratuidade nos comportamentos.

O texto

Essas palavras pertencem ao que poderíamos chamar de "paradoxos evangélicos", ou afirmações por contraste, como, por exemplo, "o jejum perfumado" (Mt 6,16), "a esmola em segredo" (Mt 6,2ss), "ocupar os últimos lugares" (Lc 6,14-10) e "lavar os pés" (Jo 13,1-15).

Apresenta-se como comportamento ideal algo que à primeira vista parece chocante, pouco razoável e até nocivo; com isso, pretende-se chamar a atenção dos ouvintes, convidando-os a adotar um modo de ver e de se comportar aparentemente "ilógico", pois nisso está a verdadeira "sabedoria" oculta a sábios e prudentes e revelada por Deus aos pequenos e simples (Mt 11,25).

O sentido

Mais do que indicar como proceder ao ser convidado para banquetes, Jesus está ensinando como interpretar a vida de maneira gratuita e misericordiosa.

Nessas palavras ressoam as do capítulo 9 do livro dos Provérbios, nas quais "A sabedoria (de Deus) edificou uma casa [...]; dispôs a mesa; enviou servas para que anunciassem: Quem for simples apresente-se [...]; Vinde comer o meu pão e beber o vinho que preparei" (9,1-5); também as palavras do capítulo 55 de Isaías, que aludem ao banquete preparado por Deus: " [...] vós que não tendes alimento. Vinde comprar trigo sem dinheiro, vinho e leite sem pagar!" (55,1); assim como as do capítulo 58 do mesmo livro, a respeito do jejum que o Senhor quer: "É repartir seu alimento com o esfaimado, dar abrigo aos infelizes sem asilo" (58,7), e as do Evangelho de São Mateus: "[...] porque tive fome e me destes de comer; tive sede e me destes de beber, [...] nu e me vestistes [...]; quando foi que te vimos [...]? Quando foi que te vimos como estes? [...]" (Mt 25,31-45).

Entretanto, nelas aparece refletida sobretudo a existência de Jesus e o modo de agir de Deus. "Com efeito, quando éramos ainda fracos, Cristo a seu tempo morreu pelos ímpios. Em rigor, a gente aceitaria morrer por um justo; por um homem de bem, quiçá, se consentiria em morrer. Mas eis aqui uma prova brilhante do amor de Deus por nós: quando éramos ainda pecadores, Cristo morreu por nós" (Rm 5,6-8).

A redenção de Cristo, tarja para ser admitido ao banquete do Reino, não é uma exigência, um direito do homem, mas uma urgência do amor de Deus (cf. 1Jo 4,9-1-19). Deus procedeu desinteressadamente, por puro amor (Jo 3,16). Fez o "depósito" mais querido e mais valioso a nosso favor, sem garantia nenhuma, gratuitamente.

E, assim, demarcou um modo de proceder; desde então Ele tem o direito de nos urgir: "Vai e faze tu o mesmo" (Lc 10,37); e de questionar-nos: "Não devias também tu compadecer-te de teu companheiro de serviço, como eu tive piedade de ti?" (Mt 18,33). Urge fazermos investimentos em gratuidade e em misericórdia.

A Eucaristia, banquete de Jesus

Na pregação de Jesus é frequente a alusão ao banquete para expressar a oferta salvadora de Deus (Mt 22,2ss; 25,10; Lc 14,16ss); porém, além dessa linguagem metafórica está a instituição da Eucaristia como banquete em que Jesus se "entrega" gratuitamente como alimento, como "pão dos pobres".

A Eucaristia é o banquete por excelência, profecia e antecipação do banquete definitivo (Ap 19,19), para o qual são convidados todos os *bem-aventurados*, quer dizer: os pobres, os que têm fome, os que choram, os perseguidos, os pacíficos... (Mt 5,1ss). "Ide às encruzilhadas" (e nas cruzes) "e convidai para as bodas todos quantos achardes" (Mt 22,9). É um banquete do qual são excluídos somente os que se autoexcluem (Lc 14,18-20) e os excludentes (Mt 23,13).

"Procurai entrar pela porta estreita " (Lc 13,24)

Estas não são palavras cômodas nem publicitárias e chocam-se com a imagem de um Jesus complacente com afirmações contemporizadoras, carregadas de "boas intenções"; tampouco são, como veremos, palavras que excluem ou desencorajam.

O contexto

A expressão, com ligeiras variações, aparece no Evangelho de São Mateus (Mt 7,13-14) e no de São Lucas (13,24). No primeiro, faz parte dos enunciados do Sermão da Montanha; no segundo, "sempre em caminho para Jerusalém" (Lc 13,22). No texto de Mateus, aparece como uma "proposta" original de Jesus; em Lucas, como "resposta" de Jesus à pergunta sobre o número dos que se salvam (Lc 13,23).

No primeiro Evangelho, além disso, se contrapõem a "porta estreita e a porta larga, que leva à perdição". No de São Lucas, por sua vez, é apresentado um detalhe que torna mais "escandalizadora" a expressão de Jesus: "Muitos pretenderão entrar e não poderão". Por quê?

O número dos que se salvam

"Senhor, são poucos os homens que se salvam?" (Lc 13,23). O homem sempre teve não só curiosidade, mas inquietação e até ansiedade para conhecer essa cifra misteriosa.

Jesus, sem dúvida, teria preferido que a pergunta tivesse sido formulada nestes termos: "Bom Mestre, que devo fazer para possuir a vida eterna?" (Lc 18,18). Por isso, sua resposta não foi de ordem matemática (quantos), mas de ordem ética (como): "Procurai entrar [...]" (Lc 13,24).

Nas escolas rabínicas, contemporâneas de Jesus, as opiniões se dividiam a respeito desses números: para alguns, eram muitos; para outros, eram poucos os que se salvavam.

Os Santos Padres, em geral, opinam que eram poucos. Os teólogos modernos tendem a pensar que são muitos os que se salvam e até mesmo afirmam que são todos, sem exceção, aduzindo a eficácia da redenção de Cristo. Sem dúvida, é um bom desejo!

Mas por que se entregar a especulações? O único que teria podido responder a essa pergunta não quis fazê-lo. Ou melhor, respondeu: "Não te preocupes em saber o número dos eleitos, procura ser um daqueles que se salvam. Esforça-te para ser um deles". Porque o que importa não é saciar a curiosidade de *saber* se são muitos ou poucos, mas a consciência de *sabermos* se estamos em vias de salvação. E saberemos se amarmos os nossos irmãos (cf. 1Jo 3,14).

"Procurai entrar..."

Ofertas prazerosas a curto prazo e a baixo custo são abundantes. Não se deve inquietar-se demasiadamente! As propostas devem ser acessíveis e tranquilizadoras!

Jesus não é dos que pensam assim. Sua oferta vale a pena; não é uma pechincha nem é barata. É um produto de qualidade e exige comportamentos de qualidade. Por isso, não hesita em dizer: *Prucurai entrar pela porta estreita* (Lc 13,24).

Com essa mesma convicção, o autor da Carta aos Hebreus escreve: "Considerai, pois, atentamente aquele que sofreu tantas contrariedades dos pecadores, e não vos deixeis abater pelo desânimo. Ainda não tendes resistido até o sangue, na luta contra o pecado" (Hb 12,3-4).

São palavras suas, discutidas ainda hoje: "[...] o Reino dos Céus é arrebatado à força e são os violentos que o conquistam" (Mt 11,12).

"Procurai entrar pela porta estreita." Este é o registro de qualidade da oferta-proposta de Jesus.

Jesus, a porta e o caminho

A leitura do Evangelho nunca deve ser dada por terminada com a leitura pontual de um texto; é preciso continuar até o final do Evangelho, pois nesse percurso é possível adquirir uma compreensão mais plena de seu significado. É o nosso caso: "porta", "caminho estreito, apertado" etc. são conceitos esclarecidos pelo próprio Jesus.

Que porta é esta e por que é estreita? Jesus é rigoroso e excludente? Não veio buscar o que estava perdido? Essa abordagem não entra em conflito com sua mente aberta? Não parece que Ele se alinha com os que "atam fardos pesados e esmagadores e com eles sobrecarregam os ombros dos homens" (Mt 23,4)? Onde fica aquele "meu jugo é suave e meu peso é leve" (Mt 11,30)?

É preciso evitar projetar sobre o texto sobretudo preconceitos doutrinais (a condenação ou a salvação eterna) ou moralizantes (ascetismo e mortificações) sem verificar a licitude de tal abordagem.

Com essa expressão Jesus quer advertir sobre a urgência de acolher seu Evangelho no Reino e de fazer um discernimento profundo e consequente, porque há outras "portas" que nos conduzem à Vida.

De qual porta Jesus fala? De si mesmo (cf. Jo 10,9). E é estreita não tanto por sua severidade, mas por ser essencial. Diante dos múltiplos preceitos (portas) da lei e todos de cunho obrigatório (Dt 11,1), Jesus propõe um só: o amor (Mt 22,38-39). "Esta é a porta do Senhor: por ela só justos podem passar" (Sl 117[118],20).

Jesus não se contradisse. O convite para entrar pela porta estreita é, em primeiro lugar, um convite, na lógica de sua abordagem básica: "Se alguém quiser [...]" (Mt 16,24). A "estreiteza" da porta ou os "percalços" do caminho não aludem tanto ao esforço ético nem a uma vontade excludente e elitista quanto à ênfase nas "incompatibilidades" existentes entre o caminho de Jesus e outros caminhos: "Ninguém pode servir a dois senhores [...]" (Mt 6,24).

"Porta" e "caminho" recebem um ulterior e definitivo esclarecimento. "Eu sou a porta" (Jo 10,9) e "Eu sou o caminho [...]" (Jo 14,6). E a partir dessas afirmações se entende a "estreiteza" da porta e a "dureza" do caminho e o reconhecimento da "singularidade" salvadora de Jesus, como única via de acesso ao Pai.

E por que "[...] muitos procurarão entrar e não o conseguirão" (Lc 13,24)? Sem dúvida, uma vez mais, estamos diante da peculiaridade da linguagem chocante de Jesus. Com essa expressão, Ele quer indicar que sua oferta exige responsabilidade e é, sobretudo, uma "graça" como a graça de reconhecê-lo pessoalmente como o Filho de Deus. "[...] porque não foi a carne nem o sangue que te revelou isto, mas meu Pai que está no céu" (Mt 16,17), pois "ninguém pode vir a mim se o Pai, que me enviou, não o atrair" (Jo 6,44).

Diante dos pressupostos "mesquinhos" e "autossuficientes" de seus contemporâneos, enclausurados em seus privilégios legitimadores (Lc 3,8; Jo 8,33), era impossível o acesso à salvação, especialmente se essa busca partisse de uma postura superficial (Lc 13,26).

Essas palavras continuam sendo atuais para aqueles que, apesar de reconhecer teoricamente Jesus como porta e caminho, seguem batendo em outras portas e adentrando outros caminhos (Mt 7,13) que não conduzem a lugar nenhum e que afastam ainda mais dele.

4

O Evangelho
Segundo São João

"Quem come a minha carne e bebe o meu sangue tem a vida eterna " (Jo 6,54)

A reação dos ouvintes diante dessas palavras de Jesus é registrada por São João: "[...] Isto é muito duro. Quem o pode admitir? Sabendo Jesus que os discípulos murmuravam por isso, perguntou-lhes: 'Isto vos repugna?'" (Jo 6,60-61). Sim, estamos diante de algo "escandalizador". E em que consiste o escândalo?

Muito além das palavras

A linguagem do Evangelho de São João caracteriza-se por uma grande viveza e plasticidade e pela natureza simbólica e evocadora. Por isso, requer uma leitura profunda, que vai muito além das ressonâncias imediatas das palavras.

Em nosso caso está claro que não se trata nem de comer carne humana nem de beber sangue humano; tampouco é uma proposta "antropofágica". Também é evidente que, quando Jesus se apresenta como *água* (Jo 4,14), *pão* (Jo 6,35) ou *luz* (Jo 8,12), está transcendendo a materialidade dessas expressões. Sem dúvida, essa opção linguística deve valorizar-se por sua capacidade significativa e impressionante, porque a linguagem sobre a Eucaristia é, na verdade, impressionante a ponto de causar "escândalo", assim como também o é sua realidade.

"Até ao extremo os amou"

Onde os evangelhos sinóticos situam a instituição da Eucaristia, São João, que a sugere (Jo 13,2: *durante a ceia*), faz referência ao relato "escandaloso" de lavar os pés de seus discípulos, com estas palavras introdutórias: "[...] como amasse os seus que estavam no mundo, até ao extremo os amou" (Jo 13,1). Essa expressão poderia muito bem traduzir como "os amou até esse ponto", porque a Eucaristia pertence a esse "cúmulo" do amor de Deus e encarna, de maneira mais plástica e evidente, esse "extremo", esse "exagero".

"[...] Como pode esse homem dar-nos a sua carne a comer?" (Jo 6,52), perguntavam-se os ouvintes, surpreendidos. Na realidade, essa pergunta não era somente uma expressão da surpresa dos ouvintes; ela encarnava e encarna a surpresa dos cristãos de sempre, de outrora e de hoje.

A Eucaristia na vida de Jesus

A instituição da Eucaristia não foi uma improvisação, uma ocorrência de última hora, mas algo muito maduro, do qual Jesus foi dando sugestões em seus atos e palavras. Não é um ato isolado nem afastado, mas deve situar-se na lógica da vida de Jesus: uma vida para os outros.

A melhor explicação que C. K. Barret encontrou para o fato de São João não falar em seu Evangelho da instituição pontual da Eucaristia, ainda que faça alusão a esta, é que, procedendo assim, queria vincular esse fato não a uma ocasião ou circunstância particular da vida de Jesus (à tarde de Quinta-Feira Santa), mas a toda a sua existência: vida, morte e ressurreição.

A Eucaristia, nas primeiras comunidades, começava a institucionalizar-se; São João tenta revitalizá-la e, para tal, relaciona-a pessoalmente com Jesus. A Eucaristia não é "uma" obra de Jesus, e sim "a" obra de Jesus: sua existência. A Eucaristia não evoca "um momento" da existência de Jesus, mas traduz toda a sua "existência" como seu ponto culminante.

A linguagem da Eucaristia

A Eucaristia é muito eloquente, tem algo muito importante a dizer e o diz com eloquência.

Em primeiro lugar, é "evocação" de um gesto de amor infinito. Fala do amor de Deus feito *presença*: a Eucaristia é a afirmação e a realização plena e permanente de Deus como Emanuel (Mt 1,23); do amor de Deus feito entrega: "Isto é o meu corpo, que é dado por vós [...] em meu sangue, que é derramado por vós [...]" (Lc 22,19-20); e do amor de Deus feito alimento: "[...] Tomai e comei [...] Bebei dele [...]" (Mt 26,26-28).

Entretanto, a Eucaristia é, também, "provocação". Cristo presente nos urge a atualizar sua presença na vida e a estar presentes na vida, de maneira cristã. Cristo companheiro em nosso caminhar nos urge a não nos ausentar da vida do próximo, fazendo rodeios para evitar o encontro com o necessitado (cf. Lc 10,29-37). Cristo solidário urge à solidariedade fraterna. Cristo alimento – pão e vinho – nos urge a repartir o pão com os que não o têm. Cristo aos pés do homem, lavando os pés da história humana, limpando o barro de tantos caminhos equivocados, nos urge a não abandonar essa postura misericordiosa e adotar outras posturas!

E o mais importante: "[...] fazei-o em memória de mim [...]" (1Cor 11,25); não é um convite para repetir uma cerimônia, um ritual, mas uma chamada para interpretar a vida como Cristo a interpretou, voltada para o serviço, a entrega. "Assim, todas as vezes que comerdes deste pão e beberdes deste cálice, lembrais a morte do Senhor [...]" (1Cor 11,26). Toda Eucaristia é sanguínea (lembra o sangue derramado); esquecer isso é banalizá-la.

Este é o significado da celebração e da comunhão eucarística; assim entendida, é um ato sério e comprometido e ao mesmo tempo belo e apaixonante. "Que cada um examine a si mesmo, e assim coma deste pão e beba deste cálice", diz São Paulo. "Aquele que o come e o bebe sem distinguir o Corpo do Senhor come e bebe a própria condenação" (1Cor 11,28-29). Essa advertência não é feita para afastar-nos da Eucaristia, mas para dela nos aproximarmos responsavelmente e por meio dela nos acercarmos do próximo.

As palavras eucarísticas de Jesus provocaram escândalo em seus ouvintes, inclusive entre seus discípulos, de tal forma que "muitos dos seus discípulos se retiraram e já não andavam com ele" (Jo 6,66). Jesus, porém, não as retirou; somente perguntou aos Doze: "Quereis vós também retirar-vos?" (Jo 6,67).

Será que nos escandalizamos com as palavras eucarísticas de Jesus? Certamente não, porque nos habituamos a elas. Mas será que essa rotina faz que nos escandalizemos com nossa maneira de viver e de celebrar a Eucaristia?

"Mulher, isso compete a nós?"
(Jo 2,4)

Estamos diante de algumas palavras de Jesus dirigidas a sua mãe que nos deixam perplexos pela dificuldade de interpretá-las. O que Jesus disse? O que quis dizer?

Os comentaristas esforçam-se para tentar esclarecê-las, partindo, em algumas ocasiões, de posturas preconcebidas, ainda que bem-intencionadas, preocupados em "salvar" tanto a figura da Mãe como a do Filho de uma situação de incompreensão e enfrentamento.

Na verdade, para compreender bem esses versículos, é importante recordar o princípio fundamental que preside a compreensão do quarto Evangelho. Também vale ressaltar a existência de dois níveis de leitura, o *histórico*, das lembranças concretas que o evangelista utiliza para apresentar sua catequese, e o *teológico*, que está subjacente ao texto e presente na mente do autor, o qual interpreta o fato à luz do acontecimento pascal. História e teologia entrecruzam-se e interpenetram-se. Assim, tanto as palavras de Maria como as de Jesus devem ser resgatadas de uma leitura imediata e unidirecional para ser inseridas nessa perspectiva mais profunda do evangelista.

O contexto

Estamos em um casamento para o qual foram convidados Maria e Jesus com seus discípulos. Foram convidados separadamente? O texto parece sugerir isso.

Segundo o costume dos judeus, a cerimônia do casamento, se a noiva fosse virgem, durava uma semana, e havia a preocupação para que não faltasse nada, principalmente o vinho, bebida fundamental da festa. Também eram comuns os presentes, que até eram exigidos formalmente da maioria dos convidados. A cena de Caná deve ter acontecido no fim da semana festiva, senão não se explicaria essa falta de provisão do vinho.

A intervenção de Maria

O vinho começa a escassear; Maria percebe o problema e se dirige a Jesus. Mas será que sua intenção foi informar-lhe a situação ou pedir-lhe uma intervenção? Ela teria desejado solicitar do Filho um milagre, como supõem muitos padres e exegetas modernos, mas esta é uma informação que não se pode extrair diretamente do texto, tampouco pode-se deduzir que o texto a descarte. Maria dirige-se ao Filho com a confiança de que Ele não lhe seria indiferente, de que consideraria o assunto, deixando a seu critério o tipo de intervenção que faria.

Não tem vinho é uma constatação de Maria, mas é, também, uma afirmação teológica do evangelista, que começa a jogar com os dois níveis de leitura. Esse casamento é muito importante, pois significa a aliança de Deus com seu povo. E Maria transcende sua condição de mãe física de Jesus para converter-se em representante do judaísmo, da antiga Aliança. Então, constata a falta de algo que era característico dos tempos messiânicos: o vinho saboroso e abundante (não nos esqueçamos de que o melhor vinho foi servido por Jesus no final). Os profetas o consideram um grande dom de Deus, e sua falta, causada pela infidelidade de Israel à Aliança, era uma verdadeira catástrofe (cf. Jl 2,19-26; 4,18; Am 9,13-14; Is 25,6; 62,5-9; Os 2,21-24; 14,8). As palavras de Maria radiografam a "insuficiência", a "carência" salvadora do judaísmo!

A resposta de Jesus

É aqui que o texto torna-se mais "incômodo". A resposta de Jesus articula-se em dois momentos: um se refere à sua mãe, e o outro à sua "hora".

Sua mãe

Será que Jesus recusa o pedido da mãe por considerá-lo uma ingerência em sua vida? Sua resposta seria a encenação pública da ruptura com a situação anterior de sua vida em Nazaré e a reivindicação de sua autonomia pessoal e operacional? Ou simplesmente é um convite a não dar importância a isso, solicitando a sua mãe que não se preocupasse?

O texto original grego é extremamente conciso: *ti (que) emoi (a mim) kay (e) soi (a ti)? (Que há entre nós dois?)*, expressão bastante conhecida no AT (Jz 11, 12; 2Sm 16,10; 19 23; 1Rs 17-18; 1Rs 3,13...) e no NT (Mc 1,24; 5,7; Mt 8,29; Lc 4, 34; 8,28), e assume matizes diferentes segundo as circunstâncias e o tom de voz, que não deve expressar necessariamente uma ruptura ou repulsa, ainda que se deva vislumbrar certa distância.

As tentativas de tradução oscilam, em um esforço para amenizar o tom (cf. o indicado no capítulo 2,7: "Quem é minha mãe?"). Parece ser inútil atenuar o que pretende ser uma afirmação nítida da singularidade de Jesus e de sua liberdade e sua autonomia radicais.

Na realidade, os Evangelhos testemunham em diversos momentos essa situação de autonomia de Jesus diante dos vínculos e pretensões familiares (Mc 3,31; Lc 2,41-50), e em todos eles sua mãe está envolvida, pois *guardava todas estas coisas no seu coração* (Lc 2,51).

Sua hora

No quarto Evangelho, a "hora" é uma categoria teológica de grande relevância. Entretanto, ela não deve ser entendida como o momento de "começar a fazer milagres". Nesse sentido, a "hora" refere-se à realização da existência pública de Jesus em chave messiânico-salvífica, no fiel cumprimento da vontade do Pai, a quem pertence a iniciativa e cujo momento epifânico supremo é a Paixão – Morte e Ressurreição.

É possível recuperar o tom original da resposta de Jesus? Há quem opte por uma resposta afirmativa: *Ainda não chegou minha hora,* seu momento epifânico-salvífico, que compete apenas ao Pai iniciar e a nenhuma outra instância. E há quem prefira uma resposta na forma interrogativa: *Minha hora não chegou?* Não é só a hora de sua autonomia e sua independência, mas a de entregar-se à realização do projeto confiado a Ele pelo Pai, projeto que há de revelar-se com suas palavras, seus "sinais" (Caná é o primeiro) e, sobretudo, com sua Morte e Ressurreição.

Em todo caso, Maria aceita a postura do Filho e segue confiando nele – "Fazei tudo que Ele vos disser" –, com a certeza de que Ele tomaria a melhor decisão. Essa expressão, porém, apresenta Jesus como o único detentor da Palavra.

Conclusão

Esse relato nos revela algo fundamental: a) *Historicamente*: a relação de Jesus com Maria e de Maria com Jesus foi madura, afetuosa e esclarecedora. Em sua relação com Jesus, Maria teve de aprender e amadurecer. E, dessa forma, ela foi a melhor discípula, que acabou por reconhecê-lo e propô-lo como o único Mestre: "Faça o que Ele disser". b) *Teologicamente*: esse episódio nos ensina a não confundir os planos, já que é o Pai quem marca a "hora" de Jesus, e isso deve ficar bem claro. Contudo, no desígnio divino, Maria, com sua sugestão, de certo modo proporcionou sua antecipação.

Não é, portanto, a história de um "desencontro" entre mãe e filho, mas de uma revelação em duplo nível: *cristológico* (Jesus inicia sua revelação messiânica como aquele que propicia o festim das bodas eternas) e *mariológico* (Maria, por livre desígnio de Deus, aparece como mediadora e intercessora na "hora" salvadora e reveladora de Jesus).

"Mas o meu reino não é deste mundo" (Jo 18,36-37)

À força de nos habituarmos a essas palavras, quiçá não reparamos em seu aspecto "escandalizador", quer dizer, em sua difícil harmonização e explicação dentro da práxis e da doutrina de Jesus de Nazaré. Jesus Rei? Segundo qual modelo? Por que interessaria ao mundo um rei que não é deste mundo?

Jesus Rei

Temos de reconhecer que hoje a apresentação de Cristo Rei, por suas conotações de triunfalismo e temporalidade desatualizados, provoca certo desconforto em alguns cristãos. É o risco da linguagem, também da linguagem bíblica; por isso, é preciso ir além das ressonâncias imediatas de certas expressões para captar sua originalidade e sua peculiaridade.

A afirmação da realeza de Cristo encontra-se testemunhada à exaustão no NT: "És, portanto, rei?" (Jo 18,37); "[...] o Primogênito de toda a criação" (Cl 1,15); "Rei dos reis e Senhor dos senhores!" (Ap 19,16), "é necessário que ele reine" (1Cor 15,25), "[...] e ele reinará pelos séculos dos séculos" (Ap 11,15).

Entretanto, ao lado dessas afirmações, existem outras, também de Cristo Rei: "Vós me chamais Mestre e Senhor, e dizeis bem, porque eu o sou. Logo, se eu, vosso Senhor e Mestre, vos lavei os pés [...]" (Jo 13,13-14), "porque o Filho do homem não veio para ser servido, mas para servir e dar a sua vida [...]" (Mc 10,45).

Tudo isso sugere que o título de "rei" aplicado a Jesus tem conteúdo escatológico-salvífico, e não de ordem político-temporal. De fato, sabemos que Jesus se retirou ao monte quando a multidão, em aplausos, tentou fazê-lo rei (Jo 6,15), e que desqualificou os estilos de poder de seu tempo (Mc 10,42).

Jesus e o Reino

Que Jesus viveu e morreu pelo Reino, que esta foi "a causa" de sua vida e de sua morte, é algo aceito por todos os que se dedicam à tarefa de analisar sua trajetória pessoal. Sua pregação centralizou-se nesse tema. Das 99 vezes em que aparece a palavra "Reino" nos sinóticos, em 90 ocasiões ela é colocada nos lábios de Jesus. Ele teve uma consciência clara de que sua missão era "anunciar a Boa-Nova do Reino" (Lc 4,43); por isso, irrompeu com força clamando: "Completou-se o tempo e o Reino de Deus está próximo" (Mc 1,15).

Esclareceu esse Reino com suas parábolas: "O Reino dos Céus é semelhante a um semeador" (Mt 13,24), "[...] a um grão de mostarda" (Mt 13,31), "[...] ao fermento" (Mt 13,33), "[...] a um tesouro escondido" (Mt 13,44), "[...]a um negociante que procura pérolas preciosas" (Mt 13,45), "[...] a uma rede [...] que recolhe peixes" (Mt 13,47), "[...] a um rei que quis ajustar contas com seus servos" (Mt 18,23), "[...] a um pai de família que saiu ao romper da manhã, a fim de contratar operários para sua vinha" (Mt 20,1), "[...] a um rei que celebrava as bodas do seu filho" (Mt 22,2), "[...] a dez virgens" (Mt 25,1), a "um homem que lança a semente à terra" (Mc 4,26); e o fortaleceu com seus milagres: "Mas, se é pelo Espírito de Deus que expulso os demônios, então chegou para vós o Reino de Deus" (Mt 12,28).

Pôs em relevo suas exigências (Mt 6,33; 7,21; 8,11-12; 11,12; 18,3-4; 19,14; Mc 9,47) e suas incompatibilidades (Mt 19,23-24; Mc 10,24); identificando, inclusive, seus destinatários: os pobres, os solidários, os menores, entre outros (Mt 5,3.10; 7,21; 18,3; 25,31), fazendo das "bem-aventuranças" os alicerces para sua construção.

O que é o Reino?

Os Evangelhos não conservam uma definição precisa e unívoca do que Jesus entendia por Reino de Deus ou Reino dos Céus, porém permitem intuí-lo.

E nessa realidade há um componente de mistério e de futuro (escatológico), que Jesus esclarece com alusões indiretas (comparações e exemplos) e fazendo referência à própria pessoa. Com Ele chegou o Reino de Deus (Mc 9,1), por isso Jesus exige para si a mesma resolução que para o Reino de Deus: ou se está com Ele ou contra Ele (Mt 12,30); ao que o confessar diante dos homens, Ele o confessará diante de seu Pai (Mt 10,32).

Vale dizer, desde já, que esse Reino não é redutível a uma realidade político-social, tampouco a um idealismo quimérico; vai além da utopia marxista e da tentação de identificá-lo com mera experiência interior. Não tem fronteiras terrenas – "multidões virão do Oriente e do Ocidente" (Mt 8,11) –, mas sim ético-religiosas – "fazer a vontade do Pai" (Mt 7,21) e reconhecer sua presença nos marginalizados (Mt 25,31). É uma realidade espiritual, mas tem seus sinais externos de credibilidade e verificação (Lc, 4,18).

Esse Reino não é estranho à história, porém não se identifica mais com ela; não é estranho à Igreja, porém é mais que a Igreja (*Lumen Gentium* 6). É uma realidade profética. Jesus o designava em sua língua materna, o aramaico, como *Malkutha Yawéh*, que os evangelistas traduziram para o grego como *Basileia tou Theou*, expressão na qual confluem e se entrecruzam permanentemente duas linhas: a da transcendência e a da imanência, a do céu e a da terra, a da graça e a da responsabilidade, a do futuro e a do presente, a de Deus e a do homem.

Não são poucas as discussões que percorrem esses dois binários, pretendendo acentuar um ou outro aspecto. Não é o momento de pretender elucidar analiticamente essa questão. É certo que há um componente de transcendência – "O meu Reino não é deste mundo" (Jo 18,36) –, porém isso não dissipa sua realidade e sua capacidade de libertação histórica (Mt 11,5ss), pois é para este mundo; não é resultado dos esforços humanos: a semente cresce por si só (Mc 4,26ss), mas não deixa o homem descompromissado diante da urgência de nele entrar (Mt 7,21) e de difundi-lo (Lc 9,r1-2); não se identifica com o mero progresso, mas supõe um avanço qualitativo no caminho humano; é futuro, recapitulação de todas as coisas em Cristo (1Cor 15,24-28), mas não está desprovido de uma ancoragem histórica em cada momento do ser humano.

Por um lado, designa a glória e a soberania de Deus e, por outro, a salvação e a felicidade do homem, porque sua instauração implica ambas as realidades: Deus não pode reinar à custa do homem e de sua felicidade, pois "a glória de Deus é que o homem viva" (Santo Ireneu).

"Venha teu Reino"

Todos os estudiosos do tema são unânimes ao afirmar que essa petição constitui o núcleo da oração dominical. "Parece indubitável que a única coisa desejada e buscada no Pai-Nosso é a vinda do Reino de Deus" (Pe. Rossano).

É um pedido para que se instaure no mundo de maneira definitiva aquela situação em que Deus receba a honra devida e na qual o homem encontre espaço e possibilidade para realizar sua liberdade. Além disso, a súplica pelo Reino é um grito de protesto e denúncia contra este nosso reino de injustiças.

As palavras do prefácio da celebração eucarística na solenidade de Cristo Rei servem para descrevê-lo: "O reino da verdade e da vida, o reino da santidade e da graça, o reino da justiça, do amor e da paz". Ou seja, a luta contra todo tipo de mentira, pessoal ou institucional, contra todo atentado à vida, antes e depois do parto, contra qualquer injustiça, contra a manipulação da paz e contra a luta suicida e fratricida do ódio.

Confessar a Cristo como Rei supõe aceitar o paradoxo de seu reinado peculiar; além disso, reconhecer que seu Reino *não é deste mundo* implica aceitar esse fato como uma denúncia profética de nosso presente e como um desafio e um convite a configurar nosso mundo segundo o modelo de seu Reino; assim, estaremos legitimados a rezar: *Venha a nós o teu Reino* [...]!